AMANDA ROBBIE
HERRLICH UNPERFEKT

W0077429

AMANDA ROBBIE

HERRLICH UNPERFEKT

ERFRISCHENDE GESTÄNDNISSE
EINER CHAOTISCHEN PFARRFRAU

AUS DEM ENGLISCHEN VON SILKE VOSS

neukirchener
aussaat

Dieses Buch wurde auf FSC®-zertifiziertem Papier gedruckt.
FSC® (Forest Stewardship Council®) ist eine nichtstaatliche,
gemeinnützige Organisation, die sich für eine ökologische und
sozialverantwortliche Nutzung der Wälder unserer Erde einsetzt.

Bibliografische Information der Deutschen Nationalbibliothek

Die Deutsche Nationalbibliothek verzeichnet diese Publikation in der
Deutschen Nationalbibliografie; detaillierte bibliografische Daten sind
im Internet über http://dnb.d-nb.de abrufbar.

Titel der englischen Originalausgabe:
The Ministry of a Messy House
© Amanda Robbie 2013.
All rights reserved. This translation of *The Ministry of a Messy House* first
published in 2013 is published by arrangement with Inter-Varsity Press,
Nottingham, United Kingdom.

© 2015 Neukirchener Verlagsgesellschaft mbH, Neukirchen-Vluyn
Alle Rechte vorbehalten
Umschlaggestaltung: Andreas Sonnhüter (www.sonnhueter.com),
unter Verwendung eines Bildes von Ian Mitchell
Lektorat: Rahel Dyck, Bonn
Illustrationen: © Ian Mitchell
DTP: Breklumer Print-Service, Breklum
Verwendete Schriften: Adobe Garamond Pro, Frutiger
Gesamtherstellung: Finidr Lipová
Printed in Czech Republic
ISBN 978-3-7615-6191-1 (Print)
ISBN 978-3-7615-6192-8 (E-Book)

www.neukirchener-verlage.de

FÜR NEIL,
DER SEINE SACHE IM CHAOS
GROSSARTIG MACHT

INHALT

DANKSAGUNG

Eigentlich hatte ich nicht geplant, ein Buch zu schreiben. Aber nun ist es da. Gedruckt, auf Papier, mit allem, was dazugehört. Ein riesiges Dankeschön allen, die mir geholfen haben, so weit zu kommen:

- Meinem hervorragenden Ehemann, Neil, der, während ich schrieb, mehr als seinen ohnehin schon großen Anteil an familiären Pflichten erfüllte und das neben seinem Mehr-als-Vollzeit-Job als Pastor. Er hat mittlerweile einige Jahre in und mit dem Durcheinander gelebt und immer noch Geduld mit mir.
- Meinen wunderbaren chaotischen Kindern, Isha, Gillis und Elliot, die mich über und über mit Bildern für das Buch versorgten und damit mehr taten, als ihnen aufgetragen war. Ich entschuldige mich für den Mangel an Socken, vor allem montagmorgens.
- Meiner Mutter, die mich drängte, meinen Blog *The Vicar's Wife* zu schreiben, und mich unermüdlich unterstützt und ermutigt. Wegen des Blogs bat ich darum, auf der Midlands Women's Convention sprechen zu dürfen (nur für drei Minuten, wohlgemerkt), woraufhin man mich bat, dieses Buch zu schreiben. Meinem Vater, der das großartige Gedicht am Anfang des Buches geschrieben und mir offensichtlich zwei Dinge vererbt hat: Seinen exzellenten journalistischen Instinkt und eine facettenreiche Neigung zum Chaos, inklusive einer tiefsitzenden Abneigung gegen Aktenablagen. Auch meiner brillanten Schwiegermutter Meg, die der Sir Edmund Hillary pfarrhäuslicher Wäscheberge ist, eine unermüdliche Essenversorgerin und damit willkommen bei allen aufstrebenden Talenten. Und mei-

ner Schwester Josie, die mir festes Vertrauen auf Gottes Gnade und Versorgung vorlebt und mich nach einer Lesenachtschicht auf ein holpriges Kapitelende aufmerksam machte. Ich danke auch meiner gesamten Großfamilie, die mich immer angespornt, bei Besuchen großzügig über das Chaos hinweggesehen und für verspätete Geburtstagskarten Verständnis gezeigt hat.

- Ros, die an ihrer Doktorarbeit und mehreren Romanen schrieb, außerdem für eine Gemeinde arbeitete und trotzdem Zeit fand, mir ihren hochgeschätzten redaktionellen Rat und jede Menge lustige Ablenkungen auf Twitter zukommen zu lassen.

- Unseren langmütigen Praktikanten: Tommy, Simon (und Kim), Luke und dem kürzlich dazugekommenen Jon, die alle zu unserem chaotischen Diensthaushalt in West Bromwich gehört haben. Danke, dass ihr euer Leben und das Evangelium hier im Durcheinander mit uns geteilt habt. Besonders erwähnen möchte ich Jeanette, die das Pfarrhaus alle paar Wochen putzt und sich durch das Chaos nicht stören lässt. Ebenso unsere Kollegin und Familienhelferin Helen, die kurz bevor ich mit dem Schreiben anfing in unsere Gemeinde kam und Geduld, einen tollen Humor und viel Weisheit für chaotische Familien mitbrachte.

- Eleanor, meiner geduldigen Lektorin, die immer makellos aussieht und empfiehlt, zerknitterte Kleidung nicht zu bügeln, sondern sie stattdessen unter die Matratze zu legen. Allerdings nur unter Zeitdruck. Und Ian Mitchell für die fantastischen Illustrationen. Ich vermute, dass er eine Überwachungskamera im Pfarrhaus installiert hatte.

- Unserer wunderbaren Gemeindefamilie von »Holy Trinity«, die uns auf so vielfältige Weise hilft, mit dem Chaos fertigzuwerden. Und allen, die gebetet oder uns im Blog und über soziale Netzwerke mit Geschichten und Ideen versorgt haben. Ich wurde durch viele andere unordentliche Christen ermutigt, die an Gottes Gnade festhalten und darauf vertrauen, dass er versorgt.

UNORDNUNG

Manche leben ihr Leben – das kann jeder sehen –
sauber und effizient mit einen „Ordentlichkeits-Gen".
Nicht so wir anderen, wo das einfach nicht geht,
die wir Dinge nicht schaffen oder wenn, dann zu spät.
Wir kommen nicht rechtzeitig an,
weil die Katze wieder matschige Pfoten bekam,
damit auf die Hefte zum Gottesdienst sprang, und dann,
Hilfe, wohin hab ich den Schlüssel getan?
Um den Stapel Papier mach ich einen Bogen,
hoffentlich ist er nicht weggekommen.
Aufgeräumt womöglich, ach nein, dort ist er ja. Wer war das
nochmal?
(Vielleicht ich, aber das ist egal.)
Unter all den Bergen aus Dingen
ein matschiger Fußball – den die Jungs mitbringen –,
die Weihnachtskarten, nie abgeschickt.
Ein Freund hat bei mir immer noch Platz gekriegt.
Und wenn ich mehr als einen Platz bräuchte,
käme halt der Stapel mit Zeug zur Seite.
Also kommt, für Kuchen, Tee und zum Reden,
freut euch an dem, was chaotische Nachbarn euch geben.
Zum Aufräumen haben wir einfach nie Zeit,
genug Tassen stehen auch nie bereit.
An Familie, Freunde und alle miteinander,
kommt, seid die Ersten, und seht:
Ein riesengroßes Durcheinander.

John Turtle

12

MEIN UNORDENTLICHES ICH

Weiße Zähne, originelle Kuchen und Brautkleider. Google glaubt, dass ich das suche, wenn ich »Perfektion« eingebe. Wenn ich nach »perfekt« suche, nimmt die Suchmaschine an, dass ich Linguini mit Krebsfleisch kochen oder vielleicht mein Wochenende mit dem eines Profi-Radsportlers oder einer Schauspielerin vergleichen möchte. Marks & Spencer versuchte kürzlich, uns seine Kleidung mit Slogans wie »Perfekt gekleidet«, »Perfekte Eleganz« mit einem »Perfekt designten« Kleidungsstück zu verkaufen.

Von überall werden wir mit Botschaften bombardiert, die uns auffordern, nach Perfektion zu streben: in unserem Aussehen, unserem Zuhause, unserem Leben allgemein. Die Werbung verführt uns dazu und wir vergleichen uns und unser Leben mit anderen. Wir nehmen uns diese Botschaften zu Herzen – und erinnern uns zudem dunkel daran, dass Jesus denen, die ihm nachfolgten, sagte: »Darum sollt ihr vollkommen sein, gleichwie euer Vater im Himmel vollkommen ist!« (Matthäus 5,48).

Das ist der Moment, in dem wir anfangen zu verzweifeln – oder einfach aufgeben.

Ob im Büro, in der Schule oder in der Gemeinde, alle anderen scheinen so perfekt zu sein. Nur ich nicht. Sie hat heute Morgen ihre Haare so elegant gestylt und alle Unterlagen für die Besprechung vorbereitet. Ich dagegen sehe meinen Schreibtisch kaum und konnte meine Haarbürste nicht finden, bevor ich aus dem Haus ging. Ihre Kinder benehmen sich so anständig und bringen riesige selbstgebaute Pyramiden für das Projekt »Das alte Ägypten« in die Schule. Meine kabbeln sich ständig und die Mumienskizzen haben wir zu Hause auf dem Esstisch liegen lassen. Andere Gemeinden haben lebendige Worship-Bands, keine schlechten CDs mit sonderbaren Instrumentalzwischenspielen mitten in den Songs. Und ihre Pastoren halten sich immer an die vorgesehene Zeit, vergessen nie ihre Notizen und bringen niemals die Namen der Täuflinge durcheinander. Ich sehe mir eine Kochshow an und bekomme Anflüge einer Depression beim Gedanken an die Würstchen mit Kartoffelbrei, die ich heute zum Mittagessen geplant hatte. Schon wieder. Vielleicht sollte ich dazu Rotweinsoße und Toskanische Pommes machen? Zum Weihnachtsgottesdienst mag ich keine Mince Pies mitbringen, weil mein Gebäck immer matschig wird. Und wenn es nicht selbstgemacht ist, ist es nicht gut genug. Alle anderen stellen alles selbst her, sogar die Füllung. Und ihre Kuchen sehen aus, als könnten sie den Hauptpreis bei der Back-Casting-Show *Das große Backen* gewinnen. Perfektion existiert; das Problem ist, dass ich sie noch nicht erreicht habe.

> Perfektion existiert; das Problem ist, dass ich sie noch nicht erreicht habe.

Ich muss nur einen Blick in meine Handtasche werfen, um zu erkennen, wie weit ich von diesem Ideal entfernt bin: Neben den wichtigsten Dingen, wie Geldbeutel, Schlüssel, Handy und Terminplaner finde ich eine leere Packung Malteser Bonbons und ein kleines in Folie verpacktes Schokoladenei, das von Ostern übrig geblieben sein muss. Außerdem befinden sich dort einige Programmzettel aus dem Gottesdienst vom letzten Monat, ein paar alte Predigtnotizen, die vor Wochen herausgerissene Rätselseite einer Zeitung, ein abgelaufener Gutschein für ein Sportgeschäft,

Informationen über Ferienschwimmkurse für Kinder und eine Einkaufsliste mit Dingen, die längst gekauft sind. Ich finde außerdem meinen Reisepass, der eigentlich sorgsam verwahrt werden sollte, und ein *Happy Families* Kartenspiel, das ich letzte Woche für die Kinder gekauft und prompt wieder vergessen habe.

Meine Handtasche ist ein chaotischer Mix aus Ordnung und Unordnung: Sie enthält Dinge, die ich brauche, und überflüssiges Zeug, das ich nicht brauche. Neben Alltagsnotwendigem findet sich darin Müll, der direkt in die Tonne gehört. Und das betrifft nicht nur meine Handtasche. Das Chaos – sowohl das physische als auch das in meinen Beziehungen – erstreckt sich auf mein gesamtes Leben. Ich scheine mein Leben lang entweder aufzuräumen oder darüber nachzudenken, dass ich unbedingt aufräumen sollte. Und wenn ich mit meinen Freunden spreche, stelle ich fest, dass es nicht nur mir so geht. Viele kämpfen damit, genau wie ich. Ganz egal, wie gut wir unsere Handtaschen in Ordnung halten, fantastische Linguini mit Krabben kochen und perfekte Wochenenden organisieren, wir werden doch feststellen müssen, dass in unserem Zuhause, unserer Gemeinde, unserem Umfeld und unseren Beziehungen immer irgendetwas schiefläuft.

Und eigentlich ist uns auch bewusst, dass in jedem anderen Menschen auf Erden ebenfalls ein gewisses Durcheinander herrscht, gleichgültig, wie gut versteckt es sein mag. Tatsächlich ist es so, dass unser chaotisches Leben unser unaufgeräumtes Herz reflektiert. Mein Herz ist ein geistliches Chaos und aus diesem Grund ist auch der Rest meines Lebens nicht perfekt. Aber die gute Nachricht ist, dass wir mit unseren chaotischen Herzen in einer chaotischen Welt leben können, wenn wir uns bewusst ist, dass wir Kinder eines vollkommenen und liebenden Vaters im Himmel sind, der unsere Schwächen kennt: »Laß dir an meiner Gnade genügen, denn meine Kraft wird in der Schwachheit vollkommen« (2. Korinther 12,9).

Ich möchte uns also ermutigen: Gerade durch unser chaotisches Leben kann Gottes vollkommene Kraft sichtbar werden. Seine Kraft wird erkennbar, wenn er aus unserem Versagen Gutes hervorbringt. Sie wird erkennbar, wenn er unser Herz verändert. Wenn ich staubsaugen muss, aber schon den Gedanken daran nicht ertragen kann, gibt er mir Kraft. Wenn ich einen Telefonanruf machen muss, um mich zu entschuldigen, und Angst davor habe, dann reicht seine Kraft dafür aus. Wenn er mich in einem Gottesdienst, in dem es von Rückkopplungen wimmelt, etwas über sich lehren will, ist sein Geist dazu fähig. Wenn er uns in den Himmel bringen will, wird er seine Absicht nicht von unserem Durcheinander und unseren Schwierigkeiten durchkreuzen lassen. Wir müssen uns vom Chaos nicht besiegen lassen. Denn er ist genug.

Treu ist er, der euch beruft; er wird es auch tun.

(1. Thessalonicher 5,24)

Amanda Robbie
Mai 2013

1. EIN VOLLKOMMENES DURCHEINANDER?

»Möglicherweise empfinden dich manche Menschen als etwas einschüchternd.«

Ich hatte nicht die leiseste Ahnung, wie meine Freundin auf diese Idee gekommen sein könnte. Gut, abgesehen davon, dass ich sehr laut, selbstbewusst und dominant bin. Und ziemlich groß. Sie hatte mir davon erzählt, dass die Theologische Hochschule eine Gemeinschaft der Heiligen sei – und eine der Sünder. Und dann hatte sie mir ans Herz gelegt, mir bewusst zu machen, wie ich auf andere wirkte. Ich schätzte ihre Direktheit. Ich bin nicht besonders gut darin, subtile Hinweise zu erkennen.

Es war kurz bevor mein Mann die Ausbildung für den Dienst in der »Kirche von England« begann. Wir hatten einen Nachmittag mit unseren weisen christlichen Freunden verbracht, die schon auf dem Campus des College lebten, an das auch wir wollten. Eine Theologische Hochschule kann ein Ort sein, an dem man viel Spaß hat und wo die Beziehungen sehr intensiv sind, denn wenn man gemeinsam studiert, Gottesdienst feiert und miteinander lebt, lernt man sich sehr gut kennen.

Bei meiner Ankunft im College war ich fest entschlossen, mich so gut wie möglich zurückzunehmen. Offensichtlich war Gott der Überzeugung, dass ich das ohne fremde Hilfe nicht schaffen würde, denn gleich zu Anfang fing ich mir einen furchtbaren Virus ein und lag ungefähr einen Monat lang im Bett. Keine Chance, auf irgendjemanden furchtein-flößend zu wirken. Zumindest hoffte ich das.

Später, nachdem wir uns eingelebt hatten, war ich ge-spannt, wie ich es mit dem »nicht Furchteinflößendsein« hinbekommen hatte, und fragte eine Freundin danach. Hat-te sie mich als einschüchternd empfunden, als sie mir zum ersten Mal begegnet war?

Ich hatte meine Sache wohl etwas weniger gut gemacht, als ich geglaubt hatte, denn ihre Antwort lautete: »Zuerst ja.« [Lange Pause] »Aber dann hab ich dein Haus gesehen.« [Wieder eine Pause. Dann Gelächter.]

Mein Campus-Haus war in der Tat etwas unaufgeräumt. Also gut, mehr als unaufgeräumt. Wir waren zwei Erwach-sene, zwei kleine Kinder, zwei Katzen und hatten zwei kom-plette Haushalte in einem kleinen Haus am College unter-gebracht.

Und ich mache niemals Hausarbeit, solange es nicht unvermeidlich ist (oder es andere, noch unattraktivere Dinge zu tun gibt). Obwohl meine Persönlichkeit den Eindruck vermittelt, dass ich total über den Dingen stehe, offenbart mein Haus die Wahrheit: Ich bin ein Chaos.

Natürlich hat nicht jeder ein so unordentliches Haus wie ich. Vielleicht beschränkt sich die Unordnung bei einigen auf ein paar alte Zettel, die am Boden einer Handtasche schlummern. Oder es ist nur der Küchenschrank mit ein paar Schnurstücken, alten Schlüsseln, leeren Akkus und undefinierbaren Metallteilen, die aussehen, als könnten sie noch für irgendetwas wichtig sein. Vielleicht gibt es auch gar keine äußerlich sichtbare Unordnung, weil alles aufgeräumt ist. Hurra! Aber, und das ist die schlechte Nachricht, morgen oder zu einem späteren Zeitpunkt muss es wieder in Ordnung gebracht werden.

Die materielle Unordnung, mit der wir es täglich zu tun haben – in unseren Handtaschen, im Büro, im Garten, wo auch immer –, ist nur eine Reflektion der emotionalen und geistlichen Unordnung tief in unseren Herzen und überall in der Welt. Diese weniger greifbare Unordnung sehen wir in all unseren Beziehungen und in unserer Umgebung: Unsere Familie, unser Haus, die Gemeinde und unser gesamtes Leben sind nie in dem Zustand, in dem sie sein sollten.

Vergleichen wir dies einmal mit Gottes Gebot: »Sondern wie der, welcher euch berufen hat, heilig ist, sollt auch ihr heilig sein in eurem ganzen Wandel. Denn es steht geschrieben: ›Ihr sollt heilig sein, denn ich bin heilig!‹« (1. Petrus 1,15–16).

Wenn wir dazu berufen sind, heilig zu sein, für Gott bestimmt zu sein, um seinen vollkommenen Charakter widerzuspiegeln, wie können wir dem gerecht werden, wenn unser Leben weit davon entfernt ist, heilig zu sein, und sich dies sehr wohl in unseren Handtaschen, Gemeinden und unserem Umfeld widerspiegelt? Was tut Gott in diesem Chaos, das mein Leben ist? Und wie kann ich bei klarem Verstand und gottgefällig bleiben, wenn ich mit einer Handtasche voll klebrigem Zeugs, dem Erbrochenen der Katze, einem auf dem Badezimmerboden vergessenen Pyjama und den Überresten eines vergessenen Bastelprojekts unter dem Küchentisch konfrontiert bin?

WAS IST UNORDNUNG?

Ist Unordnung etwas, das einfach zum Leben dazugehört? Oder ist sie vermeidbar, wenn wir organisiert genug sind, heilig genug und/oder genügend beten? Werden meine Eltern meine Lebensentscheidungen gutheißen, wenn ich alles unter Kontrolle behalte? Wenn ich heilig bin und viel bete, werden die Kinder dann aufhören sich zu zanken? Und werden mich meine Kollegen dann respektieren? Oft zielen unsere Vorsätze für ein neues Jahr auf die »unordentlichen« Bereiche unseres Lebens: Der Zustand unserer Wohnung, unser unkontrolliertes Essverhalten oder unsere Neigung zur Bequemlichkeit. Aber spätestens im Februar sind alle guten Vorsätze dahin und wir sind wieder von Durcheinander und Kuchenkrümeln überschwemmt. Es gibt viele Bücher über den Kampf gegen die Unordnung. Darüber, wie ich meine Zeit managen und zu einer Königin des Haushalts oder etwas Ähnlichem werden kann. Ein paar davon habe ich gekauft und sogar einige der Ratschläge in die Praxis umgesetzt – ich hatte gehofft, dass die Unordnung durch das Lesen und die neue Art, die Dinge anzupacken, verschwinden würde. Aber das tat sie nicht.

Unordnung ist kein biblisches Wort, aber leider ist sie ein

Nebenprodukt der Sünde. Sie ist ein Problem, das uns alle betrifft, und sie wird in der Bibel sehr zentral behandelt. Das bedeutet, dass Unordnung niemals ganz vermieden werden kann, gleichgültig, mit wie viel Bleichmittel im wörtlichen oder übertragenen Sinn wir unser Haus, unsere Arbeitsstelle oder unser Leben behandeln. In den ersten Kapiteln der Genesis lesen wir, wie Gott unsere Welt vollkommen erschaffen hat und wie Mann, Frau und Gott in vollkommenen Beziehungen mit ihm und untereinander lebten. Dann begegnete Eva der Schlange und sie und Adam entschieden sich, Gottes Wort anzuzweifeln. Sie glaubten der erschaffenen Schlange mehr als Gott, dem guten Schöpfer, der sie vor dem Essen der Frucht zur Erkenntnis von Gut und Böse gewarnt hatte. Von dem Moment an, als die beiden sich entschieden hatten, ihren eigenen Weg zu gehen, und von der Frucht aßen, ging es mit der Welt bergab. Und die Unordnung ist seither Teil unseres Lebens.

Die Unordnung kann durch unsere eigene Sünde oder die anderer Menschen in unser Leben kommen. Wenn ich die Kinder wütend anschreie, ist das eine Sünde, die die Beziehungen unserer Familie in Unordnung bringt. Ihr Streiten darüber, wer bei der Familienandacht aus der Bibel vorlesen darf, ist ebenfalls eine Sünde (und der Grund dafür, dass ich sie gerade angeschrien habe) – und auch das bringt unsere Beziehungen miteinander in Unordnung. Meine frostige Beziehung mit unseren Nachbarn mag an ihrer Sünde liegen, Menschen mit Kurzhaarschnitt nicht zu mögen, oder an meiner Sünde, mein Auto einmal zu oft gedankenlos vor ihrer Einfahrt geparkt zu haben.

Die Unordnung kann durch das, was wir tun (Handlung), in unser Leben kommen, zum Beispiel wenn wir aus Wut einen Teller an die Wand schmeißen. Ebenso aber auch durch das, was wir nicht tun (Unterlassung), wenn wir die Scherben nicht wegräumen, weil wir dazu noch zu sauer sind. Ich habe oft das Gefühl, dass meine Sünden der Unterlassung mich mehr belasten. Ich sehe so vieles, das getan werden müsste, aber ich habe nicht die Zeit und die Energie, es zu tun, oder ich bin einfach nicht in der Lage dazu. Meine Vorstellungen von den Dingen sind viel größer als meine tatsächliche Kapazität, diese umzusetzen. Der Gedanke an alles, was getan werden müsste, ist manchmal schwer auszuhalten angesichts meiner Unfähigkeit, es tatsächlich zu tun.

Wie Adam und Eva versuchen wir in den meisten Fällen, jemand anderem die Schuld für unser Durcheinander zu geben – die Schlange hätte das sicher auch gerne versucht, nur konnte sie sich nicht herausreden. Keins meiner Kinder wollte je verantwortlich gewesen sein für das bunte »Ich nicht, Mummy« auf der Tapete. Es ist nie meine eigene Schuld, dass meine Tochter mich anschreit. Diese Dinge mögen wie Kleinigkeiten erscheinen, aber es sind echte Probleme, die Gott verletzen und sowohl seine Welt als auch unsere Beziehungen beschädigen. Deshalb sollten wir sie nicht auf die leichte Schulter nehmen. Trotzdem muss ich mir in solchen Momenten in Erinnerung rufen, dass mir vergeben werden kann, weil Jesus an meiner Stelle gestorben und Gott mir gegenüber reich an Gnade ist: für die frostige Stimmung zwischen mir und der Frau, die einmal eine enge Freundin gewesen ist; für all das, was ich nicht getan habe; für die mit Alltagsaufgaben vertane Stunde, in der ich mich auf das Leiten des Hauskreises hätte vorbereiten sollen.

Jesus kam in unsere Welt, um unsere Sünde und ihre chaotischen Folgen zu besiegen. Er starb am Kreuz, das im Zentrum unseres Glaubens steht, und er ertrug die Strafe für unsere Sünden. Die dort erkaufte Vergebung steht uns während unseres gesamten Lebens zur Verfügung. Aber oft stecken wir so tief in unserem Durcheinander, dass wir an Gottes

Güte und seiner Treue in Bezug auf seine Versprechen zweifeln. Wir glauben nicht, dass wir wirklich frei von der Verdammnis sind, die wir innerlich fühlen. Wir zweifeln daran, dass wir wirklich Christen sind, und geben der Verzweiflung oder zumindest einer gewissen Teilnahmslosigkeit Raum. In solchen Momenten ist Gottes Gnade die Arznei, die wir anwenden müssen. Wir müssen nach seinem Geschenk der unverdienten Gunst uns gegenüber suchen und es ergreifen. Ich bekomme neue Kraft, wenn ich Gottes Werk der Fürsorge verstehe: Er hat die Welt so geordnet, dass er – sogar mit meinen Fehlern – seine guten Absichten für uns und die gesamte Schöpfung erreicht.

GNADE IM DURCHEINANDER

Ein chaotisches Leben mag in dieser Welt unvermeidbar sein, bis Jesus in Herrlichkeit wiederkommt, um die Zeiten zu vollenden und den neuen Himmel und die neue Erde zu regieren. Aber das Chaos muss uns nicht definieren oder belasten. Aus Gnade hat Gott Jesus zu uns gesandt, um uns die am Kreuz erkaufte Versöhnung mit dem Vater zu schenken. Und seine Gnade errettet uns nicht nur, sie befähigt uns auch, für ihn zu leben – und das bedeutet, dass wir auch anderen im persönlichen Umgang Gnade anbieten können. Darüber hinaus bewahrt uns seine Gnade für die Ewigkeit. Diese drei Aspekte der Gnade werden in dem Lied »Grace Unmeasured« von Bob Kauflin hervorgehoben, das ich so oft wie möglich singe:

Grace paid for my sins
And brought me to life
Grace clothes me with power
To do what is right
Grace will lead me to heaven
Where I'll see your face
And never cease
To thank You for Your Grace[1]

Gnade hat für meine Sünde bezahlt
Und mich lebendig gemacht
Gnade kleidet mich mit der Kraft
Das Richtige zu tun
Gnade wird mich in den Himmel führen
Wo ich dein Angesicht sehe
Und niemals aufhöre
Dir für deine Gnade zu danken

DURCH GNADE ERRETTET
(GNADE HAT FÜR MEINE SÜNDE BEZAHLT)

Wenn wir auf den Beginn unseres Lebens als Christen zurückschauen, wird uns oft bewusst, wie vollkommen ahnungslos wir früher in Bezug auf die Tatsache waren, dass wir Gott oder seine Vergebung brauchen. Wir waren Sünder, festgefahren in unserem Chaos, und vielleicht haben wir das Durcheinander unseres Lebens ohne Gott sogar genossen. Nach außen hin mögen wir nicht unordentlich gewirkt haben, weil wir uns viel Mühe gegeben haben, das Durcheinander unseres Herzens zu kontrollieren. Aber es war immer da, unter der Oberfläche, um genau dann überzuquellen, wenn wir es am wenigsten erwarteten.

Selbst wenn wir in einer christlichen Familie groß geworden sind und nie Phasen des Unglaubens erlebt haben, ist uns die Sünde nicht unbekannt. Kommen Sie einfach mal morgens bei uns im Pfarrhaus vorbei. Am besten an einem Sonntag, wenn der Teufel alles tut, damit wir in fürchterlicher Stimmung zum Gottesdienst erscheinen. An Sonntagen geht mit ziemlicher Sicherheit alles schief, was schiefgehen kann. Manchmal ist keine Milch für das Frühstücksmüsli im Haus (eine regelmäßige Sünde der Unterlassung von mir) oder die Kinder fangen an zu nörgeln, weil ihr Tagesablauf weniger strukturiert ist als sonst. Eine weitere Variante ist, dass die Kinder sich gar nicht erst anziehen und überhaupt nicht frühstücken. Dann verfalle ich in helle und nicht besonders fromme Aufregung und gutes Zureden, weil ich ahne, dass wir, obwohl wir direkt nebenan wohnen, zu spät zum Gottesdienst kommen. Schon wieder.

Der Apostel Paulus kannte ein chaotisches Leben ohne Gottes Gnade aus eigener Erfahrung. Vor seiner dramatischen Bekehrung auf der Straße nach Damaskus hatte er sogar Christen verfolgt. In seinem Brief an die Christen in Ephesus schreibt er über unsere Unfähigkeit, uns selbst zu erretten, und darüber, wie allein Gottes Gnade dies für uns tun kann. Das ist ein guter Anfang, um über das Durcheinander in unserem Leben nachzudenken. Es geht nämlich um den Unterschied zwischen Leben und Tod:

> Auch euch, die ihr tot wart durch Übertretungen und Sünden, in denen ihr einst gelebt habt nach dem Lauf dieser Welt (...) Gott aber, der reich ist an Erbarmen (...) hat auch uns, die wir tot waren durch die Übertretungen, mit dem Christus lebendig gemacht (...) Denn aus Gnade seid ihr errettet durch den Glauben, und das nicht aus euch – Gottes Gabe ist es; nicht aus Werken, damit niemand sich rühme. Denn wir sind seine Schöpfung, erschaffen in

Christus Jesus zu guten Werken, die Gott zuvor bereitet hat, damit wir in ihnen wandeln sollen.

(Epheser 2,1–10)

Wenn wir Christen sind, haben wir Gottes Gnade erlebt: Er hat unsere Augen geöffnet, damit wir erkennen, welchen Wert Christi Tod für uns hat. Er hat uns die Gabe des Glaubens an ihn geschenkt und durch den Heiligen Geist ist seine Gnade dauerhaft für uns verfügbar, selbst wenn wir immer wieder zurück auf die toten Wege gehen, während wir eigentlich versuchen, in den guten Werken zu wandeln, die er für uns bereitet hat.

DURCH DIE GNADE UND IN DER GNADE BEWAHRT (GNADE KLEIDET MICH MIT KRAFT)

Gottes Gnade hat uns also nicht nur zu unserer Errettung durch den Glauben geführt, sie hilft uns auch in unserem Alltag als Christen. Was ist, wenn wir verschlafen und den Bus verpassen, weil wir uns am Abend zuvor kompletten Unsinn im Fernsehen angesehen haben, anstatt ins Bett zu gehen? Wir können seine Gnade suchen. Oder wenn ich die hilfsbedürftige Freundin angeblafft habe, die mich schon wieder angerufen hat, als ich versuchte, mich auf die Sonntagsschulstunde vorzubereiten? Gott wartet darauf, dass ich seine Gnade suche. Seine Gnade ist sein Geschenk an uns im Durcheinander unseres täglichen Lebens. Seine Gnade ist seine Gunst uns gegenüber, während wir noch Sünder waren (Römer 5,8). Hier und jetzt arbeitet er weiterhin in mir. Im Chaos unvollkommener Beziehungen und eines unvollkommenen Ichs bin ich nicht allein.

Ich muss bei Gott Hilfe suchen, und zwar jetzt. Wenn

ich sehe, in welchem Zustand sich der Kinderzimmerfußboden der Jungs befindet – wie viele kleine pelzige Spielzeuge braucht es eigentlich, damit ein Spiel richtig lustig wird? –, sollte ich beten, anstatt sie anzuschreien oder das Zimmer frustriert zu verlassen. Ich brauche Gottes Gnade, damit ich das Durcheinander nicht noch verschlimmere. Tatsächlich kann ich Gottes Gnade *zeigen*, wenn ich selbst sie immer wieder erlebe. Denken Sie daran: Jede Begegnung mit dem Durcheinander anderer Menschen ist eine Gelegenheit für die Gnade. Der Kollege, der das Dokument, das Sie dringend brauchen, nicht abgeliefert hat; die Mitarbeiterin im Kaffeedienst, die schon wieder abgesagt hat; der ältere Verwandte, der möchte, dass Sie den Gasversorger für ihn aussuchen. Wenn wir uns unzulänglich oder müde fühlen oder einfach schlecht gelaunt, also selbst ein Durcheinander sind, dürfen wir uns daran erinnern, dass Gott uns nicht nur begnadigt hat, sondern dass seine Gnade ausreichend ist. In Paulus' zweitem Brief an die Korinther spricht er davon, wie unserer Schwächen, unser Versagen und unsere Unterlassungen Gottes Gnade sichtbar werden lassen:

Und er hat zu mir gesagt: »Laß dir an meiner Gnade genügen, denn meine Kraft wird in der Schwachheit vollkommen! Darum will ich mich am liebsten vielmehr meiner Schwachheiten rühmen, damit die Kraft des Christus bei mir wohne« (2. Korinther 12,9).

Gottes Vergebung und Gnade stehen uns immer zu jeder Zeit und in jedem nur denkbaren Durcheinander zur Verfügung. Lassen Sie uns Wege finden, täglich und stündlich Zugang zu dieser Gnade zu bekommen. Ich weiß tief in meinem Inneren, dass die Antwort auf fast jedes Problem meines Lebens als Christin lautet: »Bete und lies die Bibel.« Ich weiß, dass ich nur dadurch Gott mehr vertrauen und mir seiner Gnade stärker bewusst sein kann. (Was nicht heißt, dass es dadurch einfacher wird, wohlgemerkt.)

Wenn sich äußere Umstände verändern, kann es sein, dass ich auch den gewohnten Ablauf meiner persönlichen Andacht ändern muss. Nach dem Umzug in das neue Büro beispielsweise, wenn mein Arbeitsweg plötzlich länger ist als früher. Die Bibellesezeitschrift aus meiner Studentenzeit ist jetzt möglicherweise weniger hilfreich, weil Momente ohne hektische Aktivität selten und kurz geworden sind. Während sich mein Leben änderte, ich von einer Singlefrau zur verheirateten Frau wurde, meine Arbeitsstellen wechselte und meine Kinder (gerade kürzlich) aus dem Kleinkindalter herauswuchsen, haben sich auch meine Gewohnheiten zu beten und die Bibel zu lesen verändert. Mal zum Besseren und manchmal auch zum Schlechteren. Dennoch versuche ich immer wieder, einen Ablauf zu finden, der zu der Lebensphase passt, in der ich mich gerade befinde.

Für unser familiäres Gleichgewicht war es ein großer Schock, als meine Tochter auf die weiterführende Schule wechselte. Unser Tag begann plötzlich etwa eine Stunde früher als sonst und ich konnte meine Andachtszeit nicht mehr wie gewohnt halten. Der frühe Morgen ist nicht gerade mein Spezialgebiet. Oft fällt es mir schon schwer, vor dem Frühstück überhaupt irgendetwas zu denken. Daher wäre das Problem nicht damit zu lösen gewesen, dass ich meine Stille Zeit einfach auf einen früheren Zeitpunkt verlegte. Ich habe ein halbes Jahr gebraucht, bis ich eine Lösung gefunden hatte, die in meiner Familie funktioniert. Es gibt jetzt für mich und meine Tochter Frühstück im Bett (das ich hole und nach oben bringe), eine Stunde früher als sonst, also ist auch das Haus noch um eine Stunde kälter. Dann lese ich in der Bibel und bete, während sie sich anzieht und ihre Sachen zusammenpackt. Nach meiner Stillen Zeit helfe ich ihr, die Dinge zusammenzusuchen, die sie noch braucht, und begleite sie zur Tür. Gerade rechtzeitig, um den richtigen Bus zu erwischen – oder vielleicht einen später. In ungefähr einem Jahr wird auch mein älterer Sohn auf die weiterführende Schule gehen und wir werden den täglichen Ablauf erneut anpassen müssen.

In den meisten Jahren probiere ich ein neues Andachtsbuch oder einen neuen Bibelleseplan aus. Das mag nicht für jeden funktionieren, aber da mir Dinge schnell zu eintönig werden, probiere ich gern Neues aus. Ich schaffe es nicht immer, die Andacht bis zu Ende zu lesen, aber wenn sie es wert ist, überhaupt gelesen zu werden, lohnt es sich wahrscheinlich auch, sie bis zur Hälfte zu lesen. Wenn ich bei einem datierten Buch Schuldgefühle bekomme, weil ich es nicht schaffe, jeden Text zu lesen, nehme ich ein Buch ohne Datumsangaben. Wenn mir ein ganzes Buch zu viel erscheint, kann auch ein Kalender mit einem täglichen Bibelvers oder eine App auf meinem Handy eine Möglichkeit sein, Gottes Wort zu hören. Oder ich höre mir eine Hörbibel oder christliche Musik an. Wichtig ist, dass ich etwas von Gottes Wort ergreife und mitnehme. Besser in kleinen Häppchen als überhaupt nicht. Mehr als auf alles andere muss ich darauf achten, Zugang zu der Gnade zu haben, die mich »mit Kraft« kleidet.

GNADE ERHÄLT MICH (GNADE WIRD MICH IN DEN HIMMEL FÜHREN)

Aber Gnade ist weder etwas, auf das wir nur zurückschauen, wenn wir an das Kreuz denken, noch ist sie nur die tägliche Stütze für unser Leben als Christen. Gnade bedeutet auch:

Wir können in jedem Moment unseres geistlichen Lebens nach vorne schauen. Gottes Verheißungen werden sich erfüllen, das Chaos wird verschwinden und wir können schon jetzt durch den Glauben in diesen Verheißungen leben. John Piper beschreibt das sehr klar in seinem Buch *Zukünftige Gnade*:

> »Ein rettender Akt des Glaubens muss immer eine Ausrichtung auf die Zukunft beinhalten – egal ob wir in der Geschichte zurückschauen, auf einen Menschen sehen oder nach vorn auf eine Verheißung.«[2]

Wenn wir also unser materielles, emotionales Chaos und das Durcheinander unserer Beziehungen und die letztendliche Ursache für beides anschauen – das geistliche Durcheinander unseres Herzens –, dann wissen wir, dass es nicht immer so bleiben wird: Gott wird alles neu machen. Er wird uns verändern und damit auch die sündige Natur, mit der wir zu kämpfen haben.

GOTTES VERSORGUNG IM DURCHEINANDER

Wir haben gesehen, dass Gott seine Welt durch seine Versorgung ordnet. Unser Durcheinander ist also für ihn weder überraschend noch durchkreuzt es seine Pläne für uns. Unsere aus Sünde oder Unwissenheit verkehrt getroffenen Entscheidungen halten sein Werk in uns und in seiner Welt nicht auf. Wir können darauf vertrauen, dass sich nichts außerhalb seiner Fürsorge befindet. Er bringt alle Dinge zur Vollendung.[3]

Der Lieblingspuritaner meines Mannes, Thomas Watson, beschreibt Gottes Fürsorge wundervoll in einem Abschnitt seines Buches *A Body of Practical Divinity*:

Gottes Versorgung ist die »Königin und Gouvernante der Welt«: Sie ist das Auge, das sieht, und die Hand, die die Räder des Universums dreht. Gott ist nicht wie jemand, der ein Haus erbaut und es dann verlässt. Er ist wie ein Lotse, der das Schiff der gesamten Schöpfung steuert (...) Stellen Sie sich vor, Sie würden sich die Werkzeuge in der Werkstatt eines Schmieds ansehen und einige davon wären schief, andere beschädigt und wieder andere verbogen. Würden Sie sie verdammen, nur weil sie nicht schön aussehen? Der Schmied braucht sie alle für seine Arbeit. Genauso ist es mit Gottes Versorgung: Oft erscheint sie uns schief und seltsam, aber sie bringt dennoch Gottes Werk voran.[4]

Paulus hat sich seiner Schwachheiten gerühmt, weil er wusste, dass seine Erlösung sich nicht auf ihn und seine eigene Leistung gründete, sondern auf Christus und sein für uns am Kreuz vollendetes Werk. Thomas Watson wusste, dass der Herr die schiefen Dinge, wie persönliche Schwierigkeiten oder sogar unsere Sünde, in einer Art und Weise gebrauchen kann, die wir uns niemals vorstellen oder erträumen könnten.

Wir wissen nicht, von welcher Schwachheit Paulus im 2. Korintherbrief sprach, ob es eine körperliche Einschränkung, eine schwierige Beziehung oder eine Versuchung zur Sünde war. In jedem Fall kann es sehr verlockend sein, unsere Schwächen vor uns selbst oder anderen zu verbergen. Andere könnten schließlich geringer von uns denken, wenn sie wüssten, wie unser Herd von innen aussieht, dass unser Kuchen gekauft war oder wir heute Morgen keine Stille Zeit hatten, nicht einmal eine kurze. Aber dank der Versorgung Gottes würden sie uns durch dieses Wissen möglicherweise als zugänglicher empfinden oder sie könnten sich öffnen und uns von ihren eigenen Schwächen erzählen. Gott kann unseren Mangel an Perfektion dazu gebrauchen, andere zu erreichen, die ebenfalls zu kämpfen haben. Und er gebraucht diesen Mangel, damit wir demütig bleiben: Ich könnte niemals ernsthaft auf den Gedanken kommen, gerecht zu sein, wenn ich an den Streit mit meinem Sohn wegen seiner Hausaufgabe denke oder an meine Ungeduld gegenüber meiner vergesslichen Tochter. Das soll meine Sünde nicht entschuldigen, aber es kann deutlich machen, dass Gott sogar durch meine Verfehlungen in mir arbeitet.

Wer den Zustand meines Hauses kennt, würde es kaum für möglich halten, aber ich habe tatsächlich eine perfektionistische Ader. In meiner Vorstellung kann ich mir wunderbar ausmalen, wie brillant die Dinge getan werden könnten – und dann fällt es mir schwer, sie nur halb zu tun oder eben weniger als perfekt. Oft möchte ich lieber allem aus dem Weg gehen, als ein Chaos anzurichten. Oder ich hebe mir Dinge für »später« auf – ein Zeitpunkt, der nur in der Fantasie existiert und niemals kommen wird. Gottes Versorgung erinnert mich daran, dass es sich auch lohnt, nur ein bisschen einer Sache zu tun. Es ist besser, ein bisschen in der Bibel zu lesen als überhaupt nicht, auch wenn ich zehn Jahre für das In-einem-Jahr-durch-die-Bibel-Projekt brauche, das ich mir vorgenommen hatte. Es ist besser, hier und da ein wenig Hausarbeit schlecht zu machen, als überhaupt keine. Wenn etwas wert ist, getan zu werden, dann ist es auch wert, schlecht getan zu werden, denn wir wissen nicht, was Gott in seiner Fürsorge mit Blick auf seine großartigen Ziele durch unser Chaos bewirken wird.

Der Verfasser des Hebräerbriefes erinnert uns daran, dass Gott gnädig und barmherzig ist und unsere Schwächen versteht:

Da wir nun einen großen Hohenpriester haben, der die Himmel durchschritten hat, Jesus, den Sohn Gottes, so laßt uns festhalten an dem Bekenntnis! Denn wir haben nicht einen Hohenpriester, der kein Mitleid haben könnte mit unseren Schwachheiten, sondern einen, der in allem versucht worden ist in ähnlicher Weise [wie wir], doch ohne Sünde. So laßt uns nun mit Freimütigkeit hinzutreten zum Thron der Gnade, damit wir Barmherzigkeit erlangen und Gnade finden zu rechtzeitiger Hilfe! (Hebräer 4,14–16).

Jesus weiß alles über uns und unser chaotisches Leben, das die Reflektion unseres chaotischen Herzens ist. Und doch möchte er, dass wir heilig sind, wie er heilig ist, und er beruft uns dazu, vollkommen zu sein (1. Petrus 1,16; Matthäus 5,48). Er fühlt mit uns in unserem Ringen um Heiligkeit und er möchte, dass wir seine Gnade und Barmherzigkeit erlangen, wenn wir scheitern. Daran muss ich mich immer wieder erinnern. Ich darf nicht an meiner Schuld festhalten und zulassen, dass sie mich daran hindert, ihm ähnlich zu werden. Egal, wie planlos dieser Prozess ablaufen mag. Ich muss mich im Durcheinander an seine Gnade und Fürsorge erinnern: Es ist Christus, der mich verändert. Und er möchte, dass ich – im wahrsten Sinne des Wortes – zu einem vollkommenen Durcheinander werde.

2. EIN UNORDENTLICHES HAUS

Hohe viktorianische Decken und großzügige Räume? Wir haben sie. Klappernde, einfach verglaste Fensterflügel, durch die arktische Stürme ins Haus fegen? Willkommen bei uns zu Hause. Dazu frostige Temperaturen, da aufgrund fehlender Mittel große, zugige Räume mit hohen Decken kaum zu beheizen sind? Das ist unser Pfarrhaus – die perfekte Umgebung für einen echten Weihnachtsbaum. Durch die Kälte fallen die Nadeln nicht zu früh ab, und die hohen Räume bieten Platz für einen großen, eleganten Baum. Beim Abbau fallen die Nadeln dann allerdings händeweise herunter. Natürlich. Sie streuen kunstvoll auf den Wohnzimmerfußboden, verteilen sich dann gleichmäßig im Flur und in der Einfahrt, wo der Baum für die nächsten Wochen und Monate bleibt. So lange, bis wir ausreichend organisiert sind, um ihn zu entsorgen oder zu tun, was immer wir sonst mit dem Baum tun – ich vergesse sein Schicksal normalerweise vor Ablauf eines Jahres.

Zu den wunderbaren Vorteilen eines echten Baumes gehört es, dass er kleine Erinnerungen an die Weihnachtszeit hinterlässt, die das ganze Jahr über erhalten bleiben. Zumindest tut er das, wenn ihr Haushaltsplan meinem ähnelt. Selbstverständlich wird der Nadelteppich mit dem Staubsauger durchpflügt, sobald der Baum das Haus verlassen hat. Da regelmäßig Gemeindemitglieder zu Besuch in unser Haus kommen, kann ich auf Dauer nicht jegliche Hausarbeit vermeiden. Aber ein paar der spitzen grünen Nadeln bleiben immer im Teppich stecken und andere schaffen es irgendwie unter die Möbel oder in die Lücke zwischen Teppich und Fußleiste. Dort verbleiben sie während der folgenden Monate, bis sich Weihnachten mit seinen funkelnden Lichtern und dem Wunder der Menschwerdung wieder nähert und mich daran erinnert, dass ich mit ziemlicher Sicherheit bei jeder Hauswirtschaftsprüfung durchfallen würde – und irgendwann auch mal mit dem eigenartigen, schmalen Aufsatzteil staubsaugen sollte.

Natürlich ist der Zustand Ihres Heims (und die Anzahl der Tannennadeln, die sich im Juli noch im Teppich befinden) abhängig von Ihrer Toleranz gegenüber Unordnung, den vielen anderen Dingen, die Sie zu erledigen haben, und der Hilfe, die sie bekommen. Mittlerweile dürfte deutlich geworden sein, dass meine Toleranz gegenüber Unordnung recht hoch ist. Es gibt einfach immer etwas Interessanteres zu tun, als die obere Fläche des Kühlschranks abzuwischen, staubzusaugen, abzustauben, Fußböden zu wischen, den Abwasch oder die Wäsche zu machen. Da aber mein derzeitiger Vollzeitjob darin besteht, mich um Haus und Kinder zu kümmern, habe ich keine wirklich gute Entschuldigung, um diese Dinge zu vermeiden. Meine Kinder sind leider noch zu klein, um mir dabei eine Hilfe zu sein, obwohl es bei der Wäsche und beim Müll trennen vielversprechende Fortschritte gibt. Mein Mann hilft ebenfalls anständig mit, wobei seine Spezialgebiete die Mülleimer und das Holzhacken fürs Feuer sind. Auch unsere Praktikanten und Mitbewohner packen bei den viel zu oft anfallenden Geschirrspülerladungen und beim Abwasch mit an. Das Organisieren, Planen und allgemeine Management des Hauses ist allerdings nach wie vor mein Baby.

Wie kann ich die richtige Balance finden, in einer Welt der

perfekten Heime, in der das Show-Zuhause mit der aktuellen Tapetenmode das Vorbild ist, nach dem wir streben sollen? Und hat Gott ein Auge auf den Zustand meiner Fußleisten? So lange ich in meinem Haus lebe, wird es in regelmäßigen Abständen unordentlich. Geschirr muss gespült und Bäder müssen geputzt werden. Auch wenn ich in der Lage bin, jemanden für das Saubermachen zu bezahlen, habe ich immer noch die Verantwortung dafür, was saubergemacht wird und auch dafür, dass die betreffende Person die Dinge, die abgestaubt werden müssen, unter dem ganzen Wirrwarr findet. Welche Einstellung sollte ich im Hinblick auf diese banale, niemals endende Arbeit haben?

Dem Mann und der Frau, die Gott geschaffen hatte, wurde gleich am Anfang der Bibel eine Aufgabe übertragen:

> Und Gott schuf den Menschen in seinem Bild, im Bild Gottes schuf er ihn; als Mann und Frau schuf er sie. Und Gott segnete sie; und Gott sprach zu ihnen: Seid fruchtbar und mehrt euch und füllt die Erde und macht sie euch untertan; und herrscht über die Fische im Meer und über die Vögel des Himmels und über alles Lebendige, das sich regt auf der Erde!
> (1. Mose 1,27–28)

Unser Zuhause ist ein Teil der Erde, die Gott uns gegeben hat, um sie uns untertan zu machen. Und sich etwas untertan zu machen, ist harte Arbeit, insbesondere seit Adam und Eva von der Frucht gegessen haben und der Erdboden verflucht ist (1. Mose 3,17). Gott hat also meine Fußleisten im Auge und sein Gebot ist es, dass ich sie mir untertan mache. Ich bin mir nicht sicher, ob ich diese Aufgabe so gut bewältige, wie ich sollte. Wenn ich ehrlich bin, weiß ich nicht einmal, ob ich sie überhaupt bewältige. Was also soll ich tun, wenn ich mit Bergen aus Wäsche konfrontiert bin, mit Tee, der gekocht werden muss, und dringendem Platzbedarf auf dem Wohnzimmerteppich?

Die Unordnung wächst und wächst. Oder sie schrumpft für eine Weile und wächst dann von neuem. Und wieder fühle ich mich schuldig und gestresst und meine Beziehungen leiden. Ich muss verstehen, wozu mein Haus da ist, und erkennen, wie Gottes Gnade und Versorgung mir helfen können, wenn es in Wahrheit mein Haus ist, das mich untertan macht, anstatt umgekehrt.

WOZU IST EIN HAUS DA?

Unser Pfarrhaus ist ungewöhnlich, weil es sowohl Arbeitsplatz ist als auch ein Ort der Erholung. Heutzutage sind immer mehr Häuser gleichzeitig auch Büro, weil das Arbeiten von zu Hause aus nichts Ungewöhnliches mehr ist. Normalerweise können wir die Arbeit meines Mannes auf sein Arbeitszimmer beschränken, aber oft kommen Besucher auch in die anderen Räume – genau wie der Pastor und andere Gemeindemitarbeiter, sobald es draußen kalt wird. Das Arbeitszimmer ist das kälteste Zimmer im Haus (Temperaturen deutlich unterhalb des rechtlich zugesicherten Minimums sind im Winter der Normalfall). Ich frage mich, ob das Haus bewusst so gebaut wurde, damit der Geistliche möglichst viele Hausbesuche macht? Aber unabhängig davon, welche Arbeit in einem Haus getan wird, ist jeder Haushalt, in dem ein Christ lebt, ein Ort des Dienstes. Ob offiziell oder inoffiziell.

Es ist also gut, darüber nachzudenken, wie ich nach Gottes Willen den Raum, den ich bewohne, nutzen sollte.

Auch wenn der Ort, an dem wir wohnen, nicht gleichzeitig unser Arbeitsplatz ist, dient er immer zwei Zwecken: Er

ist ein Ort der Erholung und ein Ort der Beziehungen. In der Bibel bezieht sich das Wort »Haus« auch auf die Familie (Psalm 135,19), nicht nur auf den Raum, den sie bewohnt und der ihr als Zuflucht dient. Also ist auch das Haus Gottes sowohl der Tempel als auch die Menschen, die zu ihm gehören. Wo immer diese Menschen sind, da ist das Haus Gottes. Das bedeutet, dass die heruntergekommene Studentenbude genau so das Haus Gottes ist wie der Bischofssitz oder das altertümliche Kirchengebäude.

Tipps aus dem Pfarrhaus: Haushalt

1. **Aufräumen:** Ein wesentlicher Bestandteil der Hausarbeit ist es, für die Sicherheit der Gäste zu sorgen. Es beginnt damit, ernstliche Verletzungen beim Betreten des Hauses zu vermeiden. Mein Ziel ist es, den Flur so aufgeräumt zu halten, dass Besucher keine Knochenbrüche erleiden, weil sie über Schuhe, Schwimmtaschen oder Kartons mit Sonntagsschulbastelarbeiten stolpern. Das ist schwieriger zu gewährleisten, als allgemein angenommen, aber die Mühe lohnt sich.

2. **Saubermachen:** Jeder fühlt sich mit einem unterschiedlichen Grad an Sauberkeit wohl. Es ist hilfreich, davon auszugehen, dass sämtliche Besucher maximal denselben Grad an Sauberkeit bevorzugen wie wir selbst. Solchen Gästen wird viel weniger an unserem Zuhause auffallen, als wir glauben, oder aber sie sind zu höflich, um es zu sagen. Im Interesse des häuslichen Friedens mag es allerdings ratsam sein, die Putzfrequenz an einzelne Mitglieder des Haushalts anzupassen. Und darauf zu achten, dass keine schwereren Epidemien ausbrechen.

3. **Wäsche:** Es ist eine allgemein bekannte Tatsache, dass unbeaufsichtigte, sich selbst überlassene Wäsche Raum einnehmen kann, der zum Essen, Sitzen oder Schlafen besser zu nutzen wäre. Ein Wäscheberg von der Größe des Ben Navis (an einem Tag zu besteigen) ist akzeptabel. Sobald allerdings Everest-Proportionen erreicht werden, sollten Sie darüber nachdenken, Hilfe hinzuzuziehen. Sie wären überrascht, wie viele Kleidungsstücke ungebügelt getragen werden können, ohne dass der Eindruck völliger Verwahrlosung entsteht. Klopfen und Zusammenfalten können erstaunlich effektiv sein. Er-

mutigen Sie Pastoren in der Familie zu einem informellen Look. Klerikale Hemden, besonders die aus 100 % Baumwolle: OUT. Poloshirts: IN.

4. **Garten:** Einen zugewachsenen Garten ignoriert man am besten. Dem Wetter der letzten Jahre nach zu urteilen, gibt es ohnehin nur wenige Wochen im Jahr, die man darin zubringen könnte. Es ist gut, wenn der Rasen ab und zu gemäht wird, alle übrigen Dinge sterben im Winter von selbst wieder ab. Das Hinzuziehen von Kindern zur Gartenarbeit, inklusive Geldzahlungen pro Eimer Unkraut, wird empfohlen – zumindest sofern Sie flexibel sind, was die Definition von Unkraut betrifft.

5. **Überleben im Winter:** Pfarrhäuser sind kalt. Große Häuser und kleine Gehälter sind keine sehr warme Kombination. Mit den steigenden Kosten von Gas und Strom werden heute selbst kleinere, weniger zugige Häuser spärlich beheizt. Ich empfehle das Schichtprinzip: Schal, zwei Paar Socken mit pelzgefütterten Stiefeln, Wärmflasche und einen Sitzplatz, an dem sich vorher die Katze zusammengerollt hatte. Die Katze des Pfarrhauses empfiehlt außerdem ein Sofa oder eine Fleecedecke auf dem Bett. Perfekt.

EIN HAUS IST ZUM AUSRUHEN DA

Wenn mein Haus also Gottes Haus ist, weil die Leute Gottes darin leben, welche Art von Ruhe ist dann dort vorzufinden? Die Ruhe eines Fünf-Sterne-Hotels, in dem das Personal mir jeden Wunsch erfüllt, mit flauschigen Handtüchern im Badezimmer und rund um die Uhr Sauna und Fitness? Obwohl ich mich dafür durchaus begeistern könnte, ist dies nicht die Art von Ruhe, die Gott uns anbietet.

Gottes Ruhe ist ein Thema, das sich durch die gesamte Bibel zieht, angefangen mit der Ruhe, die Gott sich selbst am siebten Tag nahm (1. Mose 2,2), bis hin zu der Ruhe, die eintreten wird, wenn alle Dinge zur Vollendung in Christus gebracht sind (Offenbarung 14,13). Jesus selbst bietet diese Ruhe an: »Kommt her zu mir, alle, die ihr mühselig und beladen seid; ich will euch erquicken. Nehmt auf euch mein Joch und lernt von mir; denn ich bin sanftmütig und von Herzen demütig; so werdet ihr Ruhe finden für eure Seelen« (Matthäus 11,28–29).

Ein Haus, in dem wir Ruhe finden, ist also eins, in dem wir zu Jesus kommen können. Es ist ein Haus, in dem wir unsere Lasten ablegen. Es muss kein Haus wie aus dem Katalog sein. Wenn ich Platz finde, um die Einkaufstasche abzustellen und eine Ecke, in die ich mich setzen und die Bibel lesen kann, kann ich ruhen. Die Fenster müssen nicht perfekt sauber und glänzend sein. Allerdings werde ich die Bibel nur schwer lesen können, wenn sie so voll mit Fingerabdrücken sind, dass die Sonne den Raum nicht mehr erhellt. Wenn ich nach Hause komme und die Sorgen des Tages ablegen kann – den Stress eines Abgabetermins oder die Sorgen um einen Kunden – und Ruhe in Gott finde, dann ist mein Haus in Ordnung.

Susanna Wesley, die Mutter der Gründer des Methodismus, John und Charles, war eine fromme Frau mit einer großen Familie. Ihr Haus war zeitweise so belebt, dass der einzige »Raum«, den sie finden konnte, der unter ihrer Schürze war, mitten in einer betriebsamen Küche. Unter einer Schürze an einem Ort voller Lärm zu sitzen, mag nicht ideal sein, aber es war besser als nichts. Sie konnte in Gott ruhen, an einem Ort, der nicht perfekt war. Ich erinnere mich, wie überrascht ich war, als ich mit einer Freundin das erste Mal mit offenen Augen betete. Wir passten auf ihre Kinder auf, die in einem

Park spielten. Damals hatte ich noch keine Kinder und war an so etwas nicht gewöhnt. Ab und zu wurden wir durch ein Sturz von der Schaukel oder vorbeigehende Leute unterbrochen. Aber wir beteten. Wir fanden Ruhe in Gott. Das war viel besser, als nicht zu beten und auf eine ideale, niemals eintretende Situation zu warten, in der es vollkommene Stille und Ruhe gibt.

EIN HAUS IST FÜR BEZIEHUNGEN DA

In meinem Haus erlebe ich meine engsten Beziehungen. Ich lebe dort mit meiner Familie und ich lade Menschen ein, die mir nahestehen oder denen ich gern nahestehen möchte. Wenn ich also das Wohnzimmer aufräume, ist meine primäre Motivation, einen Ort zu schaffen, an dem die Menschen in meinem Haus zur Ruhe und zueinanderkommen können. Wir *könnten* inmitten von Papierstapeln, schmutzigen Bechern, Kekskrümeln und einem Schwung feuchter Mäntel zusammensitzen. Physikalisch ist das möglich. Aber wir können besser zueinander- und zur Ruhe kommen, wenn wir uns etwas mehr Raum schaffen und die Ablenkungen gering halten.

Ich mag es, ein aufgeräumtes Wohnzimmer und einen freien Küchentisch zu haben. Aber auch an den Tagen, an denen ich keine Energie oder Zeit hatte, Ordnung ins Chaos zu bringen, will ich niemanden vor der Tür stehen lassen, der eine Tasse Tee und ein Gespräch braucht. Ich muss auf Gott schauen und seine Gnade suchen, damit ich diese Gelegenheit zu dienen zu seiner Ehre nutze. Ich muss lernen, im Durcheinander Ruhe zu finden, damit Beziehungen wachsen können.

Wenn der unordentliche Zustand meines Hauses oder mein Bedürfnis, es makellos zu halten, mich davon abhalten,

Christus zu folgen und anderen zu dienen, sollte ich das in Ordnung bringen. Entweder indem ich aufräume oder indem ich mich entspanne, wenn die Dinge nicht perfekt sind. Wir sind nicht immer (genau genommen so gut wie nie) auf Leute vorbereitet, die unerwartet vorbeikommen. Bei uns sind schon am frühen Samstagmorgen Menschen aufgetaucht, die ein Gespräch brauchten, als wir noch in Pyjamas waren und die Reste des Abendessens aus der Imbissbude über den ganzen Küchentisch verstreut lagen. Aber warum sollte ich jemanden wegschicken, wenn ich ihm oder ihr eine Tasse Tee machen, mir ein paar Sachen anziehen und ein wenig plaudern kann, während ich die Verpackungen vom »Chicken Tikka« wegräume und mir schnell eine Schale Crunchy Nut Cornflakes mache? Ich muss meine Einstellung und meine Erwartungen in Bezug auf mein Haus in Ordnung bringen. Ich sollte biblisch über mein Haus denken. Stört es mich so sehr, was andere darüber denken, dass ich sie nicht im Haus haben möchte, solange nicht alles perfekt ist? Oder ist der Zustand des Hauses so arg, dass ich mich dadurch permanent gestresst fühle? Irgendwo in der Mitte zwischen völlig unaufgeräumtem Chaos und sauberkeitsversessenem Hochglanz müssen wir einen Ort göttlicher Zufriedenheit finden.

GNADE IM UNAUFGERÄUMTEN HAUS

Wie kann Gottes Gnade mir helfen, wenn der Raum, in dem ich lebe, mit den Trümmern des Lebens bedeckt ist und ich es nicht schaffe, Ordnung hineinzubringen? Wir haben uns schon angesehen, dass Gott die von ihm erschaffenen Menschen dazu berufen hat, sich die Erde untertan zu machen. Wenn ich also in einem Durcheinander lebe, das mein Ruhen in Gott verhindert und meine Beziehungen schädigt, dann lebe ich nicht seinem Anspruch gemäß. Das heißt, ich habe gesündigt. Und wenn wir gesündigt haben, wissen wir, was zu tun ist: »Wenn wir aber unsre Sünden bekennen, so ist er treu und gerecht, dass er uns die Sünden vergibt und reinigt uns von aller Ungerechtigkeit« (1. Johannes 1,9).

Wenn ich seine Gnade suche, ist Gott bereit und in der Lage, mir meine Bequemlichkeit oder meine falsch gesetzten Prioritäten zu vergeben. Aber ich muss mir sicher sein, dass mein Standard an Aufgeräumtheit auch Gottes Standard ist. Einer, der Beziehungen und Ruhen möglich macht. Wenn ich mich bemühe, einem Standard zu entsprechen, der von der Welt, von anderen Leuten, Zeitschriften, Fernsehsendungen oder einer inneren, Perfektion einfordernden Stimme gesetzt wird, werde ich sehr wahrscheinlich scheitern. Ebenso wahrscheinlich ist es, dass ich Zeit mit Hausarbeit zubringe, die ich besser mit Menschen oder Gott hätte zubringen sollen. Wenn mein Haus all meine Energie aufsaugt und ihm all meine Sorge gilt, kann es sein, dass es mein Götze geworden ist. Wenn das der Fall ist, muss ich es zugeben und Buße darüber tun.

DER STANDARD DER GNADE

Im Laufe unseres Ehelebens haben mein Mann und ich in acht verschiedenen Wohnungen oder Häusern gelebt, in fünf Städten, darunter eine Stadt, die sich über drei Länder erstreckte. Unser jetziges Zuhause ist das Haus, in dem wir seit unserer Heirat 1995 am längsten gelebt haben. Das bedeutet, dass ich Gardinenstangen oder Backöfen bisher nur gereinigt habe, wenn ich umgezogen bin. Aber da wir in diesem Haus seit mittlerweile vier Jahren leben, wird es langsam etwas unordentlich, selbst für mich. Das Haus zeigt erste Anzeichen von »nicht Untertansein«. Kurz gesagt: Fast vier Jahre Durcheinander haben Ruhen und gesunde Beziehungen verhindert.

Deshalb haben wir die Dinge in die Hand genommen und angefangen, uns um unser Haus zu kümmern. Zimmer für Zimmer. Das Pfarrhaus sieht auch jetzt noch nicht wie ein Heim aus dem Katalog aus oder wie irgendetwas, das es in eine Zeitschrift schaffen würde, aber die Papierstapel auf dem Wohnzimmertisch sind aussortiert und auf dem Wohnzimmerteppich ist jetzt regelmäßiger als früher etwas freie Fläche zu sehen, was sonst nur äußerst selten vorkam.

So, wie ich Gottes Angebot der unverdienten Gnade verstehe, bedeutet es, dass ich mit dem Aufräumen weitermachen kann, ohne mich dabei von Schuld beladen zu fühlen. Gott geht es darum, dass Menschen in Beziehung mit ihm kommen und lernen, seine vollkommene Ruhe zu genießen. Diese Priorität sollte ich auch auf mein Haus und die Standards, die ich dort etabliere, anwenden. Ich sollte mir immer wieder die Frage stellen: Wie kann ich Menschen helfen, hier zur Ruhe zu kommen?

Es passiert so leicht, dass wir von den Szenarien in Sendungen wie *How Clean Is Your House?*[1] und ähnlichen innerlich vereinnahmt werden. Dort wird uns suggeriert: Wenn unser Zuhause akkurat und sauber ist, dann werden alle anderen Bereiche unseres Lebens irgendwie auch in Ordnung kommen. Aber die Botschaft des Evangeliums lautet nicht, dass ein reines Zuhause auch ein reines Herz bringt. Jesus kam, um unsere Leben in Ordnung und Menschen in Beziehung zu Gott zu bringen, damit wir fähig werden, seine vollkommene Ruhe zu genießen. Und ich möchte, dass Menschen den einen wahren Gott in meinem Haus finden, nicht, dass

---

1 [Dt. etwa: Wie sauber ist Ihr Zuhause? – *Anm. d. Übers*].

sie mich als »Haushaltsgöttin« anbeten. »Denn Gott, der dem Licht gebot, aus der Finsternis hervorzuleuchten, er hat es auch in unseren Herzen licht werden lassen, damit wir erleuchtet werden mit der Erkenntnis der Herrlichkeit Gottes im Angesicht Jesu Christi« (2. Korinther 4,6). Gott lässt es in unseren Herzen licht werden, damit wir erleuchtet werden mit der Herrlichkeit Gottes. Das ist unsere Priorität: seine Ruhe und unsere Beziehung zu ihm.

GNÄDIG MIT ANDEREN SEIN

Genauso brauche ich Gottes Gnade, wenn ich bei anderen zu Besuch bin. Ich habe viele Freunde, die wesentlich ordentlicher sind als ich, aber auch ein paar, die bis zum Hals im Chaos stecken oder sogar darin ertrinken. Die Versuchung, die ich erlebe, wenn ich bei anderen zu Besuch bin, besteht darin, dass ich mich geschmeichelt fühle, wenn ich mich vergleiche. Entweder stelle ich fest, dass ich unordentlicher bin (»Gut gemacht, ich lasse mich durch ein bisschen Unordnung nicht stressen!«) oder – und das passiert nur in den seltensten Fällen – ich stelle fest, dass ich ordentlicher bin (»Gut gemacht, ich bin eine großartige Hausfrau!«). Sollten Sie eine weniger selbstbewusste Persönlichkeit haben, kann es sein, dass der Vergleich negativer ausfällt: »So makellos wird mein Haus nie aussehen.« Oder: »Warum kann ich mich nicht einfach entspannen, wenn ein bisschen Durcheinander herrscht?«

An dieser Stelle muss ich der Versuchung widerstehen, mich mit anderen zu vergleichen. Wenn ich das tue, mache ich andere Leute (und deren Fähigkeiten im Haushalt bzw. das Fehlen derselben) zu dem Standard, nach dem ich mich selbst richte. Genau genommen bedeutet das: Ich bete sie an.

Ich schaue nicht auf Gottes Standard, nach dem mein Haus ein Ort der Ruhe und für Beziehungen sein sollte. Stattdessen lege ich einen von mir selbst geschaffenen Standard an und beschäftige ich mich damit, ob ich besser oder schlechter als jemand anders bin. Daher sollte ich Gottes Gnade und Vergebung für meine Sünde des Stolzes und mein götzendienerisches Herz suchen, das sich den Zustand der Küche ansieht und daraus eine falsche Schlussfolgerung in Bezug auf meinen eigenen Stand vor dem Herrn oder dem von jemand anderem zieht.

Stolz in meinem Herzen könnte mich auch davon abhalten, Hilfe zu akzeptieren, wenn sie mir angeboten wird: »Nein, nein, ich schaff das schon ...« Wie viele von uns haben das schon einmal zu einem lieben Freund oder Verwandten gesagt? In dem Monat als ich krank war, nachdem mein Mann gerade sein Studium an der Theologischen Hochschule begonnen hatte, kamen ein paar Leute von der Campus-Gemeinschaft vorbei, um uns mit Essen, bei der Kinderbetreuung und mit der Wäsche auszuhelfen. Es hätte mir nichts ausgemacht, wenn meine Mutter zum Helfen vorbeigekommen wäre – sie kennt und akzeptiert mich ohnehin –, aber dadurch, dass mir Menschen, die ich kaum kannte, beim Aufräumen halfen, fühlte ich mich unzulänglich.

Natürlich war ich tatsächlich unzulänglich. Schwanger und krank war ich nicht in der Lage, mich um einen Haushalt und ein Kleinkind zu kümmern. Und eigentlich war das gut so. Ich war nicht weniger Christin oder weniger Mutter und Ehefrau, nur weil ich Hilfe brauchte. Ich musste die Fassade der Allmacht ablegen, die ich zu vermitteln versuchte, und akzeptieren, was gerade auf mich zukam. Die Gnade anderer können wir manchmal genauso schlecht annehmen wie Gottes Gnade, weil unsere sündigen Herzen verdienen wollen, was ohne Erwartung einer Gegenleistung angeboten wird.

Ich habe die finanziellen Mittel, um jemand anderen für die regelmäßige Reinigung meiner Badezimmer zu bezahlen oder dafür, dass die festgebackenen Kohleablagerungen aus dem Ofen gekratzt werden. Das ist kein Versagen oder ein Eingeständnis von Schwäche. Ich darf das Geld, das ich hierfür verwenden kann, als Gnadenerweis Gottes ansehen, der mich befähigt, ruhig zu bleiben, gastfreundlicher zu sein, mehr Zeit mit meinen Kindern zu verbringen oder zu verhindern, dass die gesamte Familie eine Nahrungsmittelvergiftung erleidet.

Wenn Familienangehörige oder Freunde kostenlos aushelfen, sollten wir uns an Gottes Gnade erinnern und diese Hilfe dankbar in Anspruch nehmen. Selbst wenn die Tante etwas bevormundend ist, was die Höhe des Bügelwäscheberges angeht, erledigt sie das Bügeln trotzdem. Und das ist besser, als voller Stolz von einem Wäscheberg begraben zu werden. Wenn ich Gottes Gnade in meinem Haus empfangen habe, bin ich auch dazu berufen, anderen in ihrem Zuhause zu helfen – sofern mein eigenes Chaos es zulässt. Dies sollten wir mit Freundlichkeit und zu Gottes Ehre tun. Aus unerfindlichen Gründen finde ich es viel einfacher, die Bügelwäsche anderer Leute zu erledigen als meine eigene. Seien Sie also herzlich eingeladen, vorbeizukommen und meine in Ordnung zu bringen. Es ist erstaunlich, wie viel zusammengekommen ist, seit ich an diesem Buch arbeite. (Würde es vielleicht nächste Woche passen?)

In seinem ersten Brief erklärt Petrus seinen Lesern, wie sie es schaffen können, einander zu dienen:

> Dient einander, jeder mit der Gnadengabe, die er empfangen hat, als gute Haushalter der mannigfaltigen Gnade Gottes: Wenn jemand redet, so [rede er es] als Aussprüche Gottes; wenn jemand dient, so [tue er es] aus der Kraft, die Gott darreicht, damit in allem Gott verherrlicht wird durch Jesus Christus. Ihm sei die Herrlichkeit und die Macht von Ewigkeit zu Ewigkeit! Amen.
> (1. Petrus 4,10–11)

Christen sind dazu berufen, anderen durch Gottes Gnade in all ihren Formen zu dienen. Dazu gehört auch die Gnade, einander im Haushalt zu helfen, und die Gnade, den Dienst der anderen anzunehmen. Gott wird in unseren Häusern verherrlicht, wenn wir lernen, einander durch die Kraft, die Gott uns schenkt, zu dienen, und wenn wir einander helfen, Ruhe zu finden.

GOTTES VERSORGUNG IM UNORDENTLICHEN HAUS

Gott ist souverän, was den Zustand meines Hauses betrifft. Für diese Phase meines Lebens hat er mich in dieses Haus gesetzt. Die Geschichte am Anfang dieses Buches zeigt, wie Gott in seiner Weisheit die Unordnung in meinem Haus dazu nutzte, dass ich auf eine Freundin im College weniger furchteinflößend wirkte. Manchmal mag mein Zuhause aufgrund von Sünde oder einfach wegen bestimmter Umstände kaum noch bewohnbar sein – aber nach Anzeichen für Gottes Versorgung Ausschau zu halten, wird mich immer ermutigen.

Ein Umzug alle zwei bis drei Jahre war nicht gerade die ideale Art, die ersten vierzehn Jahre unseres Ehelebens zu verbringen. Aber auch darin kann ich Gottes Versorgung sehen: Durch das Leben an so vielen unterschiedlichen Orten können wir zu den vielen Zuwanderern in unserem Umfeld ein besseres Verhältnis aufbauen und zu Menschen, die aufgrund mangelhafter Unterkünfte oder schwieriger Umstände gezwungen sind, ständig weiterzuziehen. Es war ein großer Segen für uns, die Auswirkungen der Versorgung Gottes in diesem Teil unseres Lebens zu erkennen. Aber selbst wenn es uns schwer fällt, diese zu erkennen: Die Erinnerung an Gottes Versorgung hilft uns durchzuhalten, selbst wenn das Haus in einem fast unbewohnbaren Zustand ist. Thomas Watson erinnert uns:

> Die Versorgung Gottes liegt oft im Dunkeln verborgen und unsere Augen sehen verschwommen. Wir können manchmal kaum erkennen, wozu sie uns dienen soll. Aber auch wenn wir die Versorgung nicht wirklich verstehen, lasst uns glauben, dass sie zum Guten der Erwählten zusammenwirken wird (Römer 8,28). Die

Räder einer Uhr drehen sich scheinbar gegensätzlich zueinander und doch sorgen sie dafür, dass die Uhr läuft. So ist es auch mit der Versorgung Gottes: Sie scheint über Kreuz zu laufen und doch sorgt sie dafür, dass alles zum Guten der Erwählten wirkt.[1]

Ich liebe mein großes altes Haus mit seinen pfeifenden Schornsteinen und den Temperaturen unterhalb des Gefrierpunkts im unteren Klo. Es gibt hier reichlich Platz um sich auszubreiten und andere willkommen zu heißen. Als mein Mann gerade ordiniert worden war, lebten wir in einem kleineren Haus, in dem es kaum genug Platz für unsere Möbel (die wir während dieser Zeit anderswo unterstellen mussten) oder für unsere Wintersachen gab (was im November allmählich schwierig wurde). Als ich mir dieses Haus zum ersten Mal ansah, noch bevor mein Mann die Stelle angenommen hatte, fiel das Klebeband ab, das einen der Küchenschränke zusammengehalten hatte, und der Schrank brach zusammen. Das Haus war seit mehreren Jahren von Mietnomaden bewohnt worden und hatte seit noch ein paar mehr Jahren keine Renovierung mehr erlebt. Ich weinte.

Mein Mann akzeptierte die Vikariatsstelle in Wolverhampton trotzdem, mit der Begründung, dass es bei einem Vikariat um weit mehr gehe als um ein Haus. Und in der Tat waren wir dort sehr glücklich. Sowohl in diesem kleinen Haus mit der zusammenbrechenden Küche als auch in einem viel größeren und passenderen, das uns die Diözese acht Monate später zur Verfügung stellte, nachdem sie beschlossen hatte, dass das ursprüngliche Haus in der Tat zu klein und zu klapprig für unsere Familie war.

Gott hatte es in seiner Versorgung so eingerichtet, dass das kleine Haus der ideale Ort war, um unsere Arbeit mit einer kleinen Jugendgruppe zu beginnen. In der großen Küche konnten wir schöne Abende mit den Jugendlichen verbringen und mit ihnen in der Bibel lesen. Im Rückblick können wir erkennen, dass Gott uns zuerst dort haben wollte. Wir haben uns gut mit einigen der Nachbarn angefreundet und treffen uns auch nach unserem Umzug weiterhin mit ihnen. Das Haus lag in einer ruhigen Gegend, deshalb konnten wir uns erst in der Stadt einleben, bevor wir später weiter ins Zentrum zogen, denn unser neues Haus lag näher am belebten Stadtkern. Es war ein Haus, für das wir dankbar sein konnten. Wir haben dort Gottes Ruhe gefunden, neue Beziehungen zu Nachbarn und Gemeindemitgliedern geknüpft und die Beziehungen innerhalb unserer Familie gestärkt. Das Haus mit den altersschwachen Schränken hat also zu unserem Besten zusammengewirkt, obwohl das auf den ersten Blick kaum zu erwarten gewesen wäre.

Wo auch immer ich lebe, erinnert mich Gottes Wort genau wie Thomas Watson daran, dass er zum Guten seiner Leute wirkt: »Wir wissen aber, dass denen, die Gott lieben, alle Dinge zum Besten dienen, denen, die nach dem Vorsatz berufen sind« (Römer 8,28).

Das Dach über meinem Kopf wird Möglichkeiten zum Dienst und zum Wachstum schaffen, die im Voraus oft nicht zu erkennen sind. Ich kann Gott für mein chaotisches Haus danken, denn darin kann ich seine Ruhe finden und meine Beziehungen zu ihm und anderen pflegen. Der ewige Gott ist immer derselbe und seine Versorgung dient immer zu meinem Besten.

3. EINE UNORDENTLICHE FAMILIE

»Darf ich euch die Person vorstellen, die euch statistisch gesehen mit der höchsten Wahrscheinlichkeit ermorden wird ...«

Mit diesem eindrucksvollen Satz sollte das Ehevorbereitungsseminar mit unserem Pastor beginnen. In der Gemeinde, in der mein Mann und ich unsere Hochzeit feierten, besuchten alle verlobten Paare vor dem großen Tag zusammen mit anderen Gemeindemitgliedern ein solches Seminar. Am letzten Termin nahm der Pastor selbst teil. Wir gehörten einer lebendigen Gemeinde an, in der jedes Jahr mehrere Hochzeiten gefeiert wurden und Neuigkeiten schnell die Runde machten. Deshalb glaubten wir zu wissen, was uns erwarten würde, als wir beim Pfarrhaus ankamen. Es gab das Gerücht, dass unser Pastor uns am Anfang unseres Treffens mit der oben zitierten Aussage über ehelichen Mord schockieren würde.

Wir waren etwas enttäuscht, als er das doch nicht ausdrücklich sagte. Tatsächlich bestritt er sogar, dass er üblicherweise so in die Seminarsitzung startete. Aber er machte uns deutlich, dass wir alle in der Ehe sehr eng und vertraut mit einem anderen Sünder zusammenleben und dass dies eine große Frustrationsquelle ist – aber ebenso eine großartige Möglichkeit für Gott, uns zu heilen und zu verändern, damit wir Jesus ähnlicher werden. Dies war eine hilfreiche und realistische Perspektive für uns, als wir am Anfang unseres Ehelebens und der Familiengründung standen.

Das Leben in der Familie ist einer der wichtigsten Wege, auf denen Gott uns Christus ähnlicher macht, denn hier leben wir eng mit anderen Sündern zusammen. Diejenigen, die uns am besten kennen, wissen immer auch um unsere Schwächen. Sie wissen, welche Knöpfe sie drücken müssen, um uns zu ärgern. Genauso kennen auch wir ihre Unvollkommenheit und wissen, wie wir sie mit nur wenigen Worten zur Weißglut bringen. Familienmitglieder kennen unsere Fehler und Schwächen besser als irgendjemand sonst. Ein paar Dinge können wir vielleicht vor ihnen verbergen, Dinge, die nur der Herr über uns weiß, aber im Allgemeinen kennt die Familie unser wahres Ich unter den »schönen Kleidern«. Kleider, die wir für die anderen tragen, die uns weniger gut kennen.

Man könnte Tolstois bekannten Satz etwas umformulieren: *Alle ordentlichen Familien gleichen einander, jede unordentliche Familie ist auf ihre eigene Weise unordentlich.* Weil alle Menschen Sünder sind, sind alle Familien unordentlich. Jede auf ihre eigene Art. Unordentliche Familien gibt es schon seit der Vertreibung aus dem Garten Eden. Ein Teil dieses Familienchaos' war ein Sohn, der seinen Bruder ermordete. Als ich jung war, erlebte meine Familie eine Krise, die uns allen sehr viel abverlangte. Damals erzählten mir meine Eltern Geschichten über andere Familien, die wir kannten und die alle nach außen hin erfolgreich und glücklich schienen. Aber in Wahrheit gab es in jeder dieser Familien Probleme, die zwar anders als unsere, aber vom Ausmaß her vergleichbar waren. Eine unordentliche Familie ist eigentlich etwas sehr Normales.

WAS IST FAMILIE?

In seinem Buch *The Archer and the Arrow* beschreibt Philip D. Jensen, dass er es als Ziel seines Dienstes sieht, »das Evangelium zu predigen, durch von Gebet begleitetes Erklären [sorgsames Auslegen und Anwenden] der Bibel, für die Menschen, die Gott mir gegeben hat, damit ich sie liebe.«[1] Seine Beschreibung einer Gemeinde als »die Menschen, die Gott mir gegeben hat, damit ich sie liebe« lässt sich ebenso auf die Familie anwenden. Familie kann vieles sein, aber in diesem Kapitel möchte ich Familie definieren als »diejenigen, die uns am nächsten stehen und uns am liebsten sind« oder als »die Menschen, die Gott mir gegeben hat, damit ich sie liebe«. Dazu gehören unsere Verwandten, insbesondere die, mit denen wir zusammengelebt haben oder noch zusammenleben, aber auch Untermieter, Mitbewohner und Freunde, die oft die Rolle eines Familienmitgliedes einnehmen, sei es auch nur vorübergehend. Wir haben uns unsere Herkunftsfamilie natürlich nicht ausgesucht, sie ist uns von Gott gegeben. Genauso wenig suchen wir die Kinder aus, die uns geschenkt werden. Und obwohl die Wahl des Ehepartners in unserer westlichen Kultur in unserer Hand liegt, ist uns auch dieser von Gott gegeben. Die Menschen, die zu Untermietern, Mitbewohnern und Freunden werden, sind ebenfalls Teil von Gottes souveränem Plan.

Familie kann man sich aber auch vorstellen als »die Menschen, in deren Gegenwart du pupsen darfst« (wie einer meiner Freunde neulich vorschlug. Sie dürfen gern anderer Meinung sein). Diese Sichtweise erinnert uns daran, dass die Familie ein Beziehungsgeflecht ist, in dem wir nicht so sehr darauf achten müssen, unsere unangenehmen Seiten zu verbergen – ob es nun Gedankenlosigkeit bei Blähungen ist oder etwas wesentlich Ernsteres.

DIE ERWEITERTE FAMILIE

Über die Jahre habe ich sowohl mit engen Familienangehörigen als auch mit einer Reihe von Mitbewohnern und Untermietern zusammengelebt. Ich war selbst Untermieterin und habe in einigen betrieblichen Unterkünften gewohnt, als ich im Ausland arbeitete (also in Wohnungen, die die Firma für lang- oder kurzfristige Unterbringung gemietet hat). Während dieser Zeit erfanden ein Kollege und ich einen Begriff für die besondere Tiefe der Beziehungen zu Arbeitskollegen, die entsteht, wenn man mit ihnen zusammenlebt. Wir nannten es den »Kniefaktor«. Man bekommt ein völlig anderes Verhältnis zu Vorgesetzten, nachdem man sie selbst in Shorts oder ihre Wäsche auf der Leine gesehen hat. Wenn man ein paar Monate lang im Ausland zusammen gelebt und gearbeitet hat, werden die Kollegen zur Familie.

Seit wir im Pfarrhaus leben, haben wir immer einige zusätzliche Familienmitglieder im Haus, da wir Praktikanten und andere Menschen auf unserem Dachboden beherbergen. Diese Mitbewohner sehen uns morgens, wenn wir vor dem ersten Kaffee noch grummelig sind. Sie hören, wenn wir die Kinder anschreien oder miteinander zanken. Sie gehen uns mit irgendwelchen unbedeutenden Angewohnheiten auf die Nerven, die spätestens beim neunzehnten Mal anstrengend werden. In den alltäglichen Spannungen des Familienlebens und Dienstes beten, lachen und weinen sie mit uns. Um 6 Uhr morgens werden sie von dem obdachlosen Herrn geweckt, der regelmäßig in unserem Vorgarten campiert. Sie erleben sowohl unsere größten Anstrengungen als auch unser schlimmstes Durcheinander mit und sie sprechen trotzdem noch mit uns. Manchmal machen sie (die Armen) auch Bekanntschaft mit unseren unangenehmen Körpergerüchen und all das macht sie zur Familie – und zu einem Teil des Chaos.

GNADE INNERHALB DER FAMILIE

Möglicherweise erwähnte ich bereits, dass ich im Familienleben sehr oft Gottes Gnade suchen und um Vergebung bitten muss. Hier erkenne ich meinen Egoismus am allerstärksten, mein Bedürfnis, mir selbst zu dienen anstatt anderen. Es gibt so viele Dinge, die ich nicht schaffe, so viele Gelegenheiten, bei denen ich zu meiner eigenen Bequemlichkeit den leichtesten Weg gehe, anstatt dem Beispiel Christi von Demut und Dienst zu folgen. Meine persönliche Spezialität ist es, mich mit unnützen Dingen aufzuhalten und Zeit zu verschwenden – im Internet oder auch auf kreativere Art –, um dann gestresst und hektisch zu werden, wenn ein Termin näherkommt. Normalerweise einer, zu dem ich das Haus verlassen oder den Kinder Essen machen muss, bevor ich das Haus verlasse. Meine Kinder haben deshalb gelernt, extrem schnell zu essen. Aber ich muss mir auch Angewohnheiten der Gnade zulegen, wenn ich das Gefühl habe, die Kontrolle zu verlieren.

Paul Tripp macht in seinem sehr hilfreichen Seelsorge-Buch *Werkzeuge in Gottes Hand* unsere persönliche Verantwortung sehr deutlich. Es gibt Bereiche im Leben und in Beziehungen, die in meiner Verantwortung liegen und in denen ich Gott einfach gehorchen muss. Für mein Aufschieben unangenehmer Dinge und meine Hektik bin ich selbst verantwortlich. Diese Bereiche meines Lebens muss ich ändern. Aber es gibt auch Dinge, die außerhalb meines Verantwortungsbereiches liegen; diese muss ich Gott einfach anvertrauen. Ich kann zum Beispiel nicht beeinflussen, wie meine Familie auf meine Sünde oder meine Frömmigkeit reagiert. Gerade wenn es um meine familiären Beziehungen geht, muss ich mir klarmachen, was von mir oder meiner Frömmigkeit abhängt, und alles andere dem Herrn überlassen.

Mein Leitvers sollte sein: »Ist es möglich, soviel an euch liegt, so haltet mit allen Menschen Frieden« (Römer 12,18).

Wenn ich weiß, dass Gottes Gnade für meine Sünde bezahlt hat, kann ich mich darauf besinnen, dass mir die Bitterkeit gegen den Verwandten vergeben werden kann, der mich beim letzten Familientreffen beleidigt hat. Gottes Frieden kann den Groll übersteigen, wenn ich mich an die Gnade erinnere, bevor die Bitterkeit sich durchsetzt. Die Gnade bringt mich in den Himmel, also kann ich lernen, gnädig gegenüber der Kusine zweiten Grades zu sein, wenn ich ihr auf ihren eingebildeten Weihnachtsbrief antworte, in dem sie die großartigen Erfolge ihrer Nachkommen und Enkelkinder aufzählt, während unsere Familie mit Krankheit und schlechten Schulnoten zu kämpfen hat. Die Gnade bringt mich in den Himmel – und diesen Ort muss ich fest in meinem Kopf haben, wenn ich mich mit den familiären Beziehungen befasse, mitsamt all ihren Brüchen und dem Kaleidoskop aus fröhlichen und schmerzhaften Momenten.

In der Familie sündigen wir normalerweise am häufigsten, daher sind die familiären Beziehungen diejenigen, in denen wir auch am häufigsten gnädig sein müssen. Täglich die Gnade zu suchen ist nach meiner Erfahrung ein wesentlicher Teil des Familienlebens. Deshalb beten wir im Pfarrhaus jeden Tag zur Teezeit ein Bekenntnis. Wir empfinden es als sehr hilfreich, täglich eine bestimmte Zeit miteinander zu verbringen, in der Beziehungen geheilt werden und wir einander Gnade anbieten können. Es wundert mich nicht, dass es ein anglikanisches Gebet um Gnade in Familien gibt, das oft in Gottesdiensten gebetet wird:

Gib uns Gnade, unseren Familien, Freunden und all unsren Nächsten, damit wir Christus dienen, indem wir einander dienen, und so lieben, wie er uns liebt.[2]

In der Familie erlebe ich es als die größte Herausforderung, regelmäßig Gnade auszuüben, und sehe gleichzeitig den größten Bedarf dafür. Daher muss ich für diese Gnade beten und nach ihr streben. Das Suchen nach Ruhe in meiner Beziehung zu Gott wird mir helfen, in der Gnade zu wachsen, damit auch meine familiären Beziehungen zu größerer Ruhe hin wachsen.

> In der Familie sündigen wir normalerweise am häufigsten, daher sind die familiären Beziehungen diejenigen, in denen wir auch am häufigsten gnädig sein müssen.

UNORDNUNG IN DER FAMILIE

Es macht mir Spaß, Bastelarbeiten zu erfinden, aber ich bleibe nie sehr lange bei einem Projekt. Zur Unordnung im Pfarrhaus tragen deshalb diverse Sammlungen unvollendeter, in Schachteln und Schränken verstauter Bastelarbeiten bei. Eine dieser Sammlungen besteht aus den Überresten eines Sets zum Herstellen von Freundschaftsarmbändern, das ich vor ein paar Jahren bei einer christlichen Sommerfreizeit für junge Leute zusammengestellt habe. Hauptbestandteil dieses Sets sind leuchtend bunt gefärbte Baumwollschnüre. Sollte ich diese Aktivität jemals wieder aufnehmen wollen, müsste ich vorher eine Menge Zeit zum Entwirren der Schnüre einplanen. Folgende Gleichung ist hier gültig:

Teenager + mehrere Schnüre, die auf engem Raum verwahrt werden + begrenzte Zeit + begrenzte Geduld
= ein frustrierendes, strähniges Gewirr aus Schnurspaghetti

Familiäre Beziehungen bestehen in ähnlicher Weise aus unterschiedlichen Lebenssträngen, die oft in großer Nähe zueinander verlaufen, mit starken Begrenzungen hinsichtlich Zeit und Geduld, was oft dazu führt, dass wir vor einem frustrierenden Gewirr aus Familienleben stehen.

Die Seiten der Bibel sind gefüllt mit Geschichten chaotischer Familien. Der Fluch, der in 1. Mose 3 auf Evas Begegnung mit der Schlange und das Essen der Frucht vom Baum der Erkenntnis von Gut und Böse folgte, zeigt uns, wie alles begann:

> Und zur Frau sprach er: Ich will die Mühen deiner Schwangerschaft sehr groß machen; mit Schmerzen sollst du Kinder gebären; und dein Verlangen wird auf deinen Mann gerichtet sein, er aber soll über dich herrschen!
>
> (1. Mose 3,16)

Probleme und Schmerzen in Bezug auf Ehe und Elternschaft sind also eine Folge des Sündenfalls. Sie begleiten uns seit Anbeginn der Menschheit. Deshalb gehört es – zu unserem größten Bedauern – zur täglichen Routine im Pfarrhaus, dass Eheleute sich über die Aufbewahrung von Plastikbehältern zanken, Kinder wegen eines unbedeutenden Streits stundenlang schmollen, und unzählige Auseinandersetzungen über Apfelreste, Pflaumenkerne und im Haus verstreutes Süßigkeitenpapier ausgetragen werden.

Wenn wir uns im Neuen Testament im elften Kapitel des Hebräerbriefes die große Wolke von Zeugen ansehen, die für ihren Glauben gelobt werden, sehen wir die Namen vieler Menschen aus wirklich dysfunktionalen Familien. Aus den Momentaufnahmen der Bibel erfahren wir nicht alle Details ihres Familienlebens, aber wir sehen genug, um die Sünde zu erkennen, die ihre familiären Beziehungen beschädigt. Und unsere. Noah war ein Betrunkener, der den Sohn verfluchte, der ihn nackt gesehen hatte. Abrahams Sohn Isaak trickste seinen Bruder aus, damit dieser ihm sein Erstgeburtsrecht für eine Schale Eintopf verkaufte, und er betrog seinen Vater, damit dieser ihn segnete. Davids Familiengeschichte beinhaltete Entfremdung, Ehebruch, Mord und sehr rebellische Kinder, von denen eins einen Bruder tötete, dann versuchte, seinen Vater zu stürzen und sich sogar auf einen Kampf mit ihm einließ. Jephtah legte ein unbedachtes Gelöbnis ab und musste seine einzige Tochter opfern, um es zu erfüllen.

Josephs Brüder versuchten ihn zu töten und verkauften ihn in die Sklaverei. Auch die Familien seiner Brüder waren chaotisch und bei zwölf Brüdern sind Streit und Beziehungskatastrophen ganz offensichtlich vorprogrammiert. Eng verwobene Beziehungen können auf vielfache Weise schiefgehen. Und doch hat Gott durch all diese Familien seinen Errettungsplan ausgeführt. Wie Joseph trotz all seiner Leiden und der schlechten Behandlung durch seine Brüder sagte:

Alle Frauen aus dem Stammbaum Christi in Matthäus 1 kamen aus chaotischen Familien: Die Söhne Tamars waren das Ergebnis ihrer Täuschung, als sie vor ihrem Schwiegervater vorgegeben hatte, eine Prostituierte zu sein; Rahab war tatsächlich eine Prostituierte; Ruths Ehemann war gestorben und sie sorgte für ihre verbitterte Schwiegermutter; Batsebas Ehemann war durch ihren Liebhaber getötet worden und Maria wurde schon vor der Ehe schwanger, was beinahe dazu geführt hätte, dass ihr Verlobter sie fallen ließ.

Wenn ich an diese im Hinblick auf Beziehungen katastrophalen Familien denke, ermutigt es mich, dass Gott alles erreicht, was er durch seine Menschen erreichen möchte, trotz ihres sündigen Verhaltens und ihrer gestörten Beziehungen. Ich sehe, dass seine Versorgung durch unordentliche Familien wirkt. Er wird seine Ziele auch durch meine unordentliche Familie erreichen, egal wie groß das Chaos auch sein mag.

VERÄNDERUNGEN IN DER FAMILIE

Mein materielles Haus aus Stein und Mörtel bildet den Raum für Ruhe und Beziehungen. Durch meine Familie, insbesondere die in meinem Haushalt lebenden Familienmitglieder, kommen diese Beziehungen hinein, in denen die Ruhe ausgelebt werden kann. Und doch hat es oft den Anschein, dass die Familie der am wenigsten friedliche Ort auf der Welt ist. An Samstagen sitzt meine Familie zur Teezeit gerne vor dem Fernseher. Meistens nutzt mein hart arbeitender Ehemann diese Gelegenheit zum Schlafen. Während wir anderen eine Folge unserer Lieblingsserie genießen, fängt er auf dem Sofa leise an zu schnarchen. Er kann also manchmal mit der Familie zusammen ruhen (ich vermute sogar, dass dieses kurze Zeitfenster seine hauptsächliche Ruhezeit ist). Aber oft hat es den Anschein, dass wir die meisten Stunden als Eltern damit zubringen, den Streit zankender Kinder zu schlichten, verstreute Kleidung aufzuheben und das fehlende Teil des Spiels zu suchen, das wir versuchen zu spielen, um den Streit zu beenden.

Familien verursachen ein Durcheinander. Je mehr Menschen in ihnen zusammenleben, desto größer ist das Chaos. Ich bin mir sogar sicher, dass die Unordnung proportional mit der Summe der Personen wächst, die diesem System hinzugefügt werden. Und beim familiären Durcheinander geht es nicht nur um die Wäsche oder ein paar Legosteine, es geht ebenso um komplexe Beziehungen mit Menschen, die uns sehr gut kennen.

Gott wirkt auf verschiedene Arten in uns – eine davon ist es, Veränderung in unser Leben zu bringen. Ich habe oft beobachtet, dass Gott mich, wenn ich beispielsweise für mehr Geduld bete, in Situationen bringt, in denen ich geduldig sein muss. Solche schwierigen Situationen geben mir die

Möglichkeit, im Glauben zu wachsen und Christus ähnlicher zu werden.

Eine Veränderung in der Zusammensetzung des Haushalts, wie beispielsweise ein neuer Untermieter im Pfarrhaus, ist also für uns alle eine Gelegenheit zu wachsen, indem wir uns an die daraus entstehende Veränderung anpassen. Da Kinder sich enorm verändern, während sie aufwachsen, garantiert ihre Anwesenheit im Haushalt, dass Eltern in äußerst regelmäßigen Abständen auf die Knie gehen und Gottes Hilfe suchen werden. Die Gemeinde, in der ich geheiratet habe, drückte ihre Vision durch ein Statement aus, das folgendermaßen endet: »Wir glauben, dass Gott uns Wachstum schenken möchte, individuell und als Gemeinde; dass Wachstum Veränderung bedeutet und Veränderung schmerzhaft sein kann. Wir akzeptieren den Schmerz der Veränderung gern, wenn sie dazu führt, dass wir das Evangelium an unsere Mitmenschen weitergeben können.«[3]

Eine Gemeindevision kann genauso gut auch auf eine Familie angewendet werden. Wenn wir möchten, dass das Evangelium all diejenigen erreicht, die Gott uns gegeben hat, damit wir sie lieben, dann bedeutet das schmerzhafte Veränderung. Auf diese Weise lernen wir, uns ihnen gegenüber christusähnlich zu verhalten. Ich muss mich selbst fragen: Wie gut bin ich darauf vorbereitet, mich zu verändern, damit ich meine Familie mit dem Evangelium erreichen kann?

Nachdem ich geheiratet hatte, musste ich mir abgewöhnen, alle Schubladen meiner Kommode offen zu lassen. Mein Mann hatte das Schlafzimmer gern ordentlicher, als ich es normalerweise gehalten hätte, also änderte ich mich. Größtenteils. Ich dagegen hasse es, wenn feuchte Badematten auf dem Boden liegen gelassen werden, also gewöhnte er sich an, die Badematte aufzuheben. Und den Toilettensitz unten zu lassen. Es waren kleine Anpassungen unserer Gewohnheiten und trotzdem arbeite ich (achtzehn Ehejahre später) immer noch an manchen von ihnen. Noch wesentlich schwieriger ist es, Denk- und Sprechgewohnheiten zu ändern. Für Veränderungen zum Wohl meiner Familie braucht es möglicherweise mehr als ein anderes Verhalten beim Schließen meiner Kommodenschubladen.

Tim Chester beschreibt in seinem exzellenten Buch *You Can Change*, wie wir solche Veränderungen schaffen können. Er behandelt das Thema zunächst mit vier großartigen Wahrheiten über Gott:

1. Gott ist groß – wir müssen nicht alles unter Kontrolle haben
2. Gott ist herrlich – wir brauchen vor anderen keine Angst zu haben
3. Gott ist gut – wir müssen nicht anderswo suchen
4. Gott ist gnädig – wir müssen uns selbst nichts beweisen

Chester schreibt: »Es gibt über Gott weit mehr zu sagen als diese vier Wahrheiten. Dennoch sind sie ein hervorragendes Instrument, um die meisten Sünden und Gefühle, mit denen wir kämpfen, zu erkennen.«[4]

Ich kann akzeptieren, dass meine Familie auf dieser Seite der Herrlichkeit immer unordentlich sein wird. Trotzdem muss ich mich verändern, damit ich sie mit dem Evangelium erreichen und sie als die mir von Gott gegebenen Menschen lieben kann. Gott wird mir auf viele unterschiedliche Arten durch seinen Geist dabei helfen. Das Buch *You Can Change* zeigt einen wertvollen Weg auf, sich mit den entsprechenden Bereichen des Lebens zu befassen. Zu akzeptieren, dass meine Familie unordentlich ist, bedeutet keinesfalls, dass ich meine eigene Sünde akzeptiere oder meine, mich nicht ändern zu müssen. Gott möchte mich verändern. Wahrscheinlich wird es schmerzhaft und chaotisch sein, aber das ist es in jedem Fall wert. Denken Sie daran, wie wunderbar eine trockene Bademate sein kann und eine Kommode, an der alle Schubladen geschlossen sind.

GOTTES VERSORGUNG IN DER FAMILIE

Unsere Familie lebt in einer sehr benachteiligten Gegend: Auf einer Liste mit über 12.000 Kommunen in England und Wales, geordnet nach dem Grad sozialer Benachteiligung, steht unsere Gemeinde etwa auf Platz 300 von unten. Mein Mann und ich stammen beide aus Mittelklasse-Familien und wir sind beide in angenehmen Mittelklasse-Milieus groß geworden. Aufgrund von Gottes Versorgung sind wir durch unsere stabilen Hintergründe in der Lage, an Orten zu dienen, an denen Familien beides fehlt. Etwas nebensächlicher ist die Tatsache, dass wir beide aus Familien kommen, die sehr gerne scharf gewürzt essen. Meine Eltern warben als Studenten im London der sechziger Jahre mit Hilfe von Curry umeinander, zu einer Zeit, als man im größten Teil Englands noch zu allem Kartoffeln aß. Eine solche Herkunft ist sehr von Vorteil, wenn man in einer Gegend lebt, in der viele Menschen ihr Essen mit Chili würzen und die Spezialität des örtlichen Pubs gegrilltes Tandoori Chicken ist.

Andere machten schmerzhaftere Erfahrungen mit der Versorgung Gottes in der Familie. Die Kindheit des Pastors Mez McConnell aus Edinburgh war leidvoll, aber sein Mangel führte ihn schließlich zu Christus. Vor Kurzem starb die gläubige Mutter eines unserer Freunde aus der Nachbarschaft an Krebs. Das war einer der Faktoren, die schließlich dazu führten, dass unser Freund sich von seiner Heroinsucht ab- und dem christlichen Glauben zuwandte.

Gottes Versorgung in der Familie mag im Extremfall schmerzhaft sein, aber Thomas Boston erinnert uns daran, dass Christen »Grund für die größte Ermutigung und den tiefsten Trost haben, inmitten der Ereignisse, die die Versorgung bringt, wenn sie erkennen, dass diese durch ihren Gott, mit dem sie verbündet sind, kontrolliert wird. Dieser Gott ist ihr gnädiger Freund und wird seine ihm kostbaren Menschen niemals verlassen und deren Sorgen niemals übersehen. ›Denn der Herr hat gesagt (Josua 1,5): ›Ich will dich nicht verlassen und nicht von dir weichen‹‹ (Hebräer 13,5).«[5]

In derselben Weise, wie meine Sünde sich auf meine Kinder auswirkt, während sie aufwachsen, wurden meine Persönlichkeit, mein Charakter und meine grundlegenden sündigen Gewohnheiten zum Teil durch die Generationen vor mir geprägt. Ich sündige eher wie meine Eltern und Großeltern als die Eltern und Großeltern anderer Leute. Während beispielsweise der Abgabetermin für dieses Buch näherrückt, versuche ich der Versuchung zu widerstehen, die Arbeit daran aufzuschieben, weil ich keinen perfekten Satz hinbekomme. Vielen Dank, Mum! Vielen Dank, Dad! Ich weiß, woher ich meine Zeit-vergeuden-bis-über-Nacht-alles-perfekt-werden-muss-Gewohnheit habe.

Im 2. Buch Mose bekommt Mose die Steintafeln, in die die Zehn Gebote eingraviert sind – und zwar zweimal (im 2. Mose 32,1–24 findet sich der Kontext von Israels Götzendienst und dem Zerbrechen der ersten Tafeln). Während sich Mose noch mit den zweiten Steintafeln auf dem Gipfel des Berges Sinai befindet, spricht Gott:

Und der HERR ging vor seinem Angesicht vorüber, und er rief aus: HERR, HERR, Gott, barmherzig und gnädig und geduldig und von großer Gnade und Treue, der da Tausenden Gnade bewahrt und vergibt Missetat, Übertretung und Sünde, aber ungestraft lässt er niemand, sondern sucht die Missetat der Väter heim an Kindern und Kindeskindern bis ins dritte und vierte Glied!

(2. Mose 34,6–7)

Unangenehme Dinge aufzuschieben ist nicht die einzige sündige Neigung, die einige von uns als Kinder verinnerlicht oder gelernt haben. Wenn ich an meine Kindheit denke, bin ich sehr dankbar für die vielen guten Dinge, aber gleichzeitig erkenne ich Muster der Sünde, die ich ebenfalls gelernt habe. Wie der Vater, so die Tochter. Wie die Mutter, so der Sohn. Wie die Großmutter, so der Enkel. Einige dieser sündigen Muster kommen besonders dann zum Vorschein, wenn ich als Erwachsene mit den Menschen zu tun habe, die mich als Kind gekannt haben.

Wir fallen sehr leicht in schlechte alte Gewohnheit zurück, wenn wir dem Ich der Kindheit erlauben, über den erwachsenen Menschen, der wir heute sind, zu dominieren. Da ist das kindliche Ich, das bei den Eltern zu Besuch ist und es nicht schafft, beim Abwasch zu helfen, weil ich nicht geholfen habe, als ich acht Jahre alt war. Oder das kindliche Ich, das auf elterlichen Druck oder Erwartungen mit der emotionalen Unbeherrschtheit eines fünfzehnjährigen Teenagers reagiert, anstatt als siebenunddreißigjährige beruflich erfolgreiche Person. Wie können wir in Gottes Gnade ruhen, wenn die Großtante, die uns immer unterdrückt hat, über Weihnachten zu Besuch ist? Ist unser Familienleben unordentlicher, als es sein sollte, weil wir uns immer noch wie Kinder benehmen?

Als das erwachsene Kind eines Erwachsenen muss ich erkennen, wann die Unordnung, die ich in meinen familiären Beziehungen verursache, alt und überholt ist. Es gibt eine Art von Unordnung, die ich hinter mir lassen muss, und es gibt andere Arten von Unordnung, mit denen ich lernen sollte zu leben. Und möglicherweise gibt es auch eine Art von Unordnung, die ich aufräumen sollte. Ich muss meiner Familie ermöglichen, glücklich zu sein, soweit es an mir liegt.

Der Vater eines Gerechten freut sich,
und wer einen Weisen gezeugt hat, ist fröhlich über ihn.
Lass deinen Vater und deine Mutter sich freuen,
und fröhlich sein, die dich geboren hat.
(Sprüche 23,24–25)

Wir alle wissen, dass die Enge familiärer Beziehungen Familie zu dem Ort machen kann, in dem der größte Schmerz verursacht wird. Ein scharfes Wort meiner Tante wiegt oft viel schwerer als das eines Nachbarn. Die Familie kann außerdem ein Ort der Peinlichkeiten sein. Die Tante meines Vaters trieb ihm als Student im London der 50er-Jahre die Röte ins Gesicht. Als er mit einem Freund die Rolltreppe der U-Bahn hinauffuhr rief er plötzlich: »Oh, meine Tante!« Verwirrt sah der Freund sich nach einer Frau um, die irgendeine Form von Familienähnlichkeit mit meinem Vater aufwies, bis dieser auf einige Werbeplakate an der Wand zeigte. Es war Werbung für Korsetts – auf der seine spärlich gekleidete Tante zu sehen war.

Weil Gott uns versorgt und unsere Welt ordnet, können wir auch andere Charaktereigenschaften unserer Familien erben: Einen respektlosen Sinn für Humor oder eine Schwäche für Pfirsich-Melba-Eiscreme, eine Vorliebe für den Jazz der 30er-Jahre oder ein Talent für hartnäckige Recherche, sei es für ein Arbeitsprojekt oder bei der Auswahl eines Sofas. Wir lernen, scharfen blauen Käse zu mögen, weil unsere Mitbewohner ihren mit uns teilen. Oder wir beobachten unsere Untermieter und lernen von ihrer Art, sich zu organisieren. In allem, was uns durch die Familie weitergegeben wird, bringt Gott seine guten Pläne für uns hervor. Er verlässt oder übersieht seine Menschen niemals.

Tipps aus dem Pfarrhaus:
Familienbesuche, Handys und Wäsche

1. **Besuche:** Familienbesuche von weit her sind eine Quelle großer Ermutigung und Stärkung. Daher sind wir dankbar, dass unser Pfarrhaus über ausreichend Platz verfügt, um Verwandtschaft oder andere Gäste unterzubringen. Allerdings wird ein seit Monaten im Kalender festgehaltener Besuchstermin unausweichlich und auf fürchterliche Weise mit zusätzlichen Predigtdiensten (was glücklicherweise nicht meine Aufgabe ist), diversen Beerdigungen, einer schwerwiegenden pastoralen Krise in der Gemeinde und einem Kind, das mit Mumps oder einer anderen leicht übertragbaren Krankheit die Treppe herunterkommt, kollidieren.

2. **Handys:** Besondere Klingeltöne für aufmunternde Anrufe von weit entfernt lebenden Familienangehörigen sichern ein ausreichendes Maß an Schlagfertigkeit – schon vor dem Gespräch mit der Lieblingstante, die ihr Spezialrezept durchgibt, oder Großvater, der uns wegen eines neuen Witzes anruft. Es kann auch genutzt werden, um die gruselige Kusine Greta frühzeitig zu identifizieren, die uns immer am Osterwochenende oder

irgendeinem anderen unmöglichen, für die Gemeinde bedeutsamen Termin einladen möchte.

3. **Wäsche:** Nach meiner Erfahrung reagieren sowohl Mütter als auch Schwiegermütter bei Besuchen im Pfarrhaus ausgesprochen freundlich, wenn es darum geht, Wäsche zu waschen und zu bügeln. Die überfüllten Wäschekörbe, denen sie bei jedem Besuch gegenüberstehen, sind allerdings eine Folge von Inkompetenz und nicht etwa geplant. Ehrlich. Ich hatte wirklich geglaubt, alles sortiert zu haben, bevor sie ankamen. Aber dann, nun ja, war es das wohl doch nicht.

4. UNORDENTLICHE KINDER

Ich wollte mich gleich auf den Weg zu einer Lesegruppe machen und meine beiden ältesten Kinder waren noch sehr klein. Meine Tochter war etwa zweieinhalb und ihr Bruder sechs Monate alt, ihr jüngster Bruder war noch nicht geboren. Die Kinder wurden in einer Krippe versorgt, während ich dringend benötigte Erwachsenenzeit damit verbringen wollte, mit zwei weiteren Frauen ein christliches Buch zu besprechen. Beide Frauen waren Studentinnen der Theologischen Hochschule, an der auch mein Mann studierte, und mit Studenten derselben Hochschule verheiratet. Auf diese Erwachsenenzeit hatte ich mich sehr gefreut.

Vor dem Treffen nahm ich mir ein wenig Zeit, um ein paar E-Mails zu beantworten. Die Kinder spielten leise auf dem Treppenabsatz vor dem Schlafzimmer und meine Tochter fragte, ob sie ein bisschen malen dürfe. In meine Gedanken vertieft, erlaubte ich es. Ungefähr fünf Minuten später kam ich aus dem Zimmer und erblickte zu meinem Entsetzen meine Tochter mit einem roten Permanentmarker in der Hand. Auf dem Teppich, am Bücherregal, an der Wand, der Schlafzimmertür, der gestreiften Latzhose ihres Bruders und überall in seinem Gesicht waren rote Verzierungen zu sehen. Mein Sohn sah aus, als würde er unter einer besonders schweren Maserninfektion leiden.

Meine Nachlässigkeit und Abgelenktheit hatten uns an diesem Tag eine Menge Durcheinander beschert: Ich würde zu spät zu meiner Lesegruppe kommen; wir hatten diverse Malereien zu entfernen; ein verunstaltetes Bücherregal musste in Ordnung gebracht werden; monatelanges Teppichschrubben lag vor uns; eine Latzhose landete in der Mülltonne und, das Deprimierendste von allem, ich hatte vergessen, das Gesicht meines kleinen Sohnes zu fotografieren.

Jede Mutter wird Ihnen bestätigen, dass Kinder in jeder Entwicklungsphase eine Menge Durcheinander verursachen. Es reicht von Windeln über Trotzanfälle vor der Gemeinde und auf dem Teppich versprühtem Glitzer bis hin zu heftigen Auseinandersetzungen um die Nutzung des Computers. Die Art von Durcheinander, die sie verursachen, ändert sich mit zunehmendem Alter, was uns immer dann verwirrt, wenn wir glauben, die Sache mit dem Elternsein endlich begriffen zu haben. Das wird uns zwar niemals so ganz gelingen, aber Gottes Weisheit hilft uns, in den rauen Gewässern des Familienlebens das Steuer auf dem richtigen Kurs zu halten.

KINDER SIND EINE GEMEINDE

»Möchtet ihr ein paar Steaks? Oder wie wäre es mit vier Beuteln Orangen?«

Genau diese Art von Fragen hört eine Familie gern, wenn sie an der Theologischen Hochschule mit schmalem Budget um ihr Überleben kämpft. Freunde von uns hatten eine Bestellung über das Online-Portal »Asda« aufgegeben und aus irgendeinem Grund hatte das System jeden einzelnen Artikel bestellt, der ihnen bisher geliefert worden war. Sie hatten unzählige Kisten mit Müsli, Fleisch, Gemüse, Obst und allen möglichen gemischten Artikeln bekommen. Als unsere Freunde auf den Fehler aufmerksam machten, wurde ihnen mitgeteilt, dass es sich um ein Versehen des Supermarktes handelte und sie alles behalten könnten, ohne einen Penny dafür zu bezahlen. Es war ein unerwartetes Geschenk an ihre Familie – und an unsere, weil unsere Freunde die verderblichen Nahrungsmittel an ihre Nachbarn verteilten.

Kinder sind ein Geschenk Gottes, wie uns Salomo in Psalm 127 mitteilt. Sie entsprechen möglicherweise nicht exakt dem, was wir glauben, bestellt zu haben, noch bringen sie alles mit, was wir geordert haben, und das, wozu sie sich entwickeln, ist oftmals eine Überraschung. Und zwar eine gute Überraschung:

> Siehe, Kinder sind eine Gabe des Herrn,
> die Leibesfrucht ist eine Belohnung.
> (Psalm 127,3)

Salomo vergleicht Kinder außerdem mit Pfeilen (Vers 4). Pfeile können in eine bestimmte Richtung gelenkt werden. Matthew Henry schreibt in einem Bibelkommentar auf seine unnachahmliche Weise, dass das Ziel dieser Pfeile die Herrlichkeit Gottes und der Gottesdienst der Generation unserer Kinder ist:

> Die Söhne der Jugend sind wie Pfeile in der Hand, die mit Sorgfalt auf ihr Ziel ausgerichtet werden können: die Herrlichkeit Gottes und den Gottesdienst ihrer Generation; aber danach, wenn sie in die Welt hinausgegangen sind, sind sie Pfeile, die aus der Hand gegeben sind; es ist zu spät, sie auszurichten (...) Jeglicher irdischer Komfort ist ungewiss, aber der Herr wird gewiss diejenigen segnen und trösten, die ihm dienen; und diejenigen, die sich um die Bekehrung der Sünder bemühen, werden erleben, dass ihre geistlichen Kinder ihre Freude und ihre Krone sind am Tag des Herrn Jesus Christus.[11]

Als Mutter erkenne ich, dass Gott mir Kinder gegeben hat, damit ich sie liebe. Denken Sie daran, wie Philip Jensen die Gemeindefamilie beschreibt. Diese Kinder habe ich nicht bestellt! Sie sind so anders als alles, was ich erwartet habe. Aber Gott hat sie mir gegeben. Sowohl zu meinem eigenen Besten als auch zu ihrem, zu seiner Herrlichkeit und zum

Dienst an ihrer Generation. Er hätte mir außerdem (oder stattdessen) geistliche Kinder geben können, wie Matthew Henry deutlich macht. Aber mein Ziel als Mutter ist es, dass meine natürlichen Kinder auch meine geistlichen Kinder werden – trotz der Unordnung, die das verursacht.

Meine Kinder sind also eine Minigemeinde: Eine Zusammenkunft von Menschen, die uns anvertraut wurden, damit wir sie lehren, wer Gott ist. Und mir ist aufgefallen, dass sie sich ganz ähnlich verhalten wie eine erwachsene Gemeinde – abgesehen von der Vorliebe für Quiche und Kaffee vielleicht. Sie mögen keine Veränderungen und würden sich eigentlich am liebsten selbst leiten. Sie wachsen am besten, wenn sie die Bibel gelehrt werden und wenn sie lernen, dem Beispiel Jesu Christi zu folgen. Neuzugänge in der »Gemeinde« werden zunächst mit Argwohn betrachtet, bis sie schließlich voll akzeptiert sind. Es gibt chaotische Beziehungen, sowohl untereinander als auch mit dem »Pastor«.

Ich bete, dass meine Kinder in Zukunft Christus eigenständig folgen werden, aber bis sie das tun, ist es meine Aufgabe und die meines Mannes, sie zu leiten. Wir richten Pfeile auf ein Ziel aus, deshalb müssen wir auch unsere eigenen Augen darauf gerichtet halten. Auf diese Weise kann ich meinen Kindern den Weg zeigen, bis sie so weit sind, sich selbst durch Jesus leiten zu lassen.

UNORDENTLICHE BABYS

Es ist allgemein bekannt, dass Babys rund um die Uhr spucken, die Windeln vollmachen und für Durcheinander sorgen. Keine Mutter ist vollständig bekleidet ohne ein Schultertuch mit angetrockneten Milchflecken darauf. Eltern überbieten sich gegenseitig mit Geschichten explodierender

Windeln oder geschossartigem Erbrechen in den unmöglichsten Situationen. Müdigkeit, Isolation und Unzulänglichkeitsgefühle können die Eltern neugeborener Babys überwältigen. Sie sehen um sich herum ein Chaos, sie fühlen in sich ein Chaos und, man beachte, dies ist *erst der Anfang* des Elternseins.

Die große Herausforderung für Eltern neugeborener Babys ist es, den gottgefälligen Lebensstil trotz extremer physischer Erschöpfung beizubehalten. Dieser Zustand kann dazu führen, dass man alle möglichen wichtigen Dinge vergisst. Eine meiner Freundinnen hatte ihr Baby im Kinderwagen mit in den Gottesdienst genommen. Während der Gemeinschaft nach dem Gottesdienst wurde das friedlich schlafende Baby in eine ruhige Ecke geschoben. Als meine Freundin später zu Hause war, genoss sie ein wenig Ruhe und Stille – bis ihr die entsetzliche Wahrheit aufging: Ihr Nachwuchs befand sich immer noch in der Gemeinde.

Ich habe meinen Sohn nur einmal ganz kurz vergessen, was allerdings für eine unverhältnismäßig starke Störung sorgte. Ich hatte ihn für seinen ersten Ausflug mit seiner Schwester und mit seiner Großmutter fertiggemacht. Wir wollten schnell irgendwo Mittag essen und zwischen seinen Mahlzeiten etwas shoppen gehen. Mein Sohn war in seinen gefütterten Overall eingepackt und im Autositz angeschnallt. Meine Schwiegermutter ging schon zum Auto, während ich seine Schwester in ihrem Sitz anschnallte, meine Handtasche nahm und die Haustür schloss. Ich war gerade dabei, das Auto zu starten, als meine Schwiegermutter mich an das Baby erinnerte – eingeschlossen hinter unserer Haustür! Und mein Haustürschlüssel war ebenfalls im Haus.

Glücklicherweise war das passiert, als mein Mann noch studierte, sodass er (mitsamt seinem Haustürschlüssel) ganz in der Nähe war, wenn auch vertieft in eine seiner Vorlesungen, die ich unterbrechen musste. Mein Sohn hatte also etwa zehn Minuten allein in einem verschlossenen Haus verbracht. Sicher ist es überflüssig zu erwähnen, dass mein schlechtes Gewissen wesentlich länger anhielt, auch wenn nichts passiert war. Ich denke oft, es ist ein Segen, dass Kinder sich nur an sehr wenige Zwischenfälle ihrer ersten Lebensjahre erinnern. Es gibt mir die Gewissheit, dass das allgemeine Erleben von Sicherheit und Fürsorge die gelegentlichen Ausfälle elterlicher Kompetenz immer überwiegen wird.

Während der Babyphase meiner Kinder stärkten mich häufige kurze Schlafpausen und eine sehr entspannte Haltung zur Hausarbeit. Dies war die Zeit, in der meine Freundin mich aufgrund des Zustands meines Hauses als weniger einschüchternd empfand. Nützlicher Rat: Ihre Kinder werden sich nicht an die Dicke der Staubschicht auf dem Fernseher erinnern, solange sie noch nicht einmal groß genug sind, um die Oberseite des Fernsehers sehen zu können. Daher ist es vermutlich das Beste, den Staub einfach dort zu belassen und stattdessen ein Nickerchen zu machen.

Das »Prinzip Entspanntsein« musste ich auch auf meine Erwartungshaltung gegenüber Sonntagen anwenden. Während ich früher in unserer kleinen Gemeinde in Singapur Gottesdienste geleitet hatte, in alle möglichen vorbereitenden Arbeiten involviert gewesen war und mich ansonsten voll auf Predigt und den Lobpreis hatte konzentrieren können, war ich nun dadurch eingeschränkt, dass ich das Baby halten, füttern, wickeln und regelmäßig außer Hörweite bringen musste. Aber anstatt zu Hause zu bleiben, versuchte ich, die Gemeinde zu einer Priorität zu machen. Ich wollte den Pfeil auf das Ziel ausrichten und die Gemeinde am Sonntag zu einem festen Rhythmus unserer Familie machen. Ich wusste, dass ich von den Teilen des Gottesdienstes, an denen ich teilnehmen konnte, profitieren würde, auch wenn ich nicht die ganze Zeit dabei sein konnte. Und ich wusste, dass es unsere Gemeindefamilie ermutigen würde, ihr neuestes Mitglied und ebenso mich zu sehen, auch wenn ich Babyspucke überall auf der Jacke hatte und große, unansehnliche schwarze Ringe unter den Augen.

Ich liebe es, Mutter zu sein. Aber das Elternsein brachte mir auch regelmäßig die Sünde in meinem Herzen zu Bewusstsein. Gleich zu Anfang, als meine Tochter noch ein neugeborenes Baby war, erkannte ich, dass ich Gottes Gnade täglich für mich suchen musste. In den ersten Wochen mit einem neuen Baby gibt es noch sehr wenig Routine. Selbst einen Moment Zeit zu finden, um sich die Gnade Gottes bewusst zu machen, kann eine fast unlösbare Aufgabe sein. Aber auch hier kann eine entspannte Einstellung helfen. Schon ein kurzer Bibelvers und ein bewusst gesprochenes Vaterunser können zu einer kurzen Andacht werden, ebenso wie aufmerksames Mitsingen christlicher Lieder oder das Lesen einer ermutigenden christlichen Biografie – auf die Sie sich vermutlich konzentrieren können, während das Lesen eines Lehrbuches dazu führen könnte, dass sich das Gehirn wie Pudding anfühlt. Es mag nicht die ganz große Stille Zeit sein, wie ich sie früher hatte, aber es ist immerhin etwas. Und etwas ist immer besser als gar nichts.

Wenn einmal eine Routine etabliert ist (und irgendwann ist sie das, wirklich), sind Kinder ein fantastischer Wecker. Vor allem, wenn sie noch klein sind. Ein wenig Gebet und Bibellesen, und sei es ein einzelner, halb im Koma erhaschter Vers während des Stillens, sind besser, als auf den perfekten Moment für die perfekte Stille Zeit zu warten. Auch die moderne Technologie kann in den Jahren der Schlaflosigkeit eine große Hilfe sein. Eine Bibellese-App versorgt mich jeden Tag mit einem Vers, den ich mitnehmen kann. Mein Handy kann mir die Bibel laut vorlesen. Der kreative Umgang mit meiner täglichen Andacht hat mich befähigt, mit Gott weiterzugehen. Ich nehme gern neue Informationen auf. Ein neues Buch oder eine neue Methode verändern das sündige Herz nicht, das lieber schlafen oder einen Roman lesen würde, aber all diese Dinge helfen mir, mich immer wieder neu zu fokussieren. Selbst wenn etwas Angefangenes am Ende halbfertig liegenbleibt, hat es sich immer noch gelohnt. Eine Mutter, die die Hälfte der eigentlich geplanten Zeit mit Gott gesprochen und ihm zugehört hat, ist besser für meine Kinder, als eine, die den Schöpfer, Erhalter und Erlöser aller Dinge komplett ignoriert.

UNORDENTLICHE KLEINKINDER

Sobald die Kinder längere Wachphasen haben, sitzen, krabbeln, laufen und sprechen, warten neue Herausforderungen auf uns. Die Erschöpfung bleibt, aber ein neuer Bestandteil des Elternseins kommt hinzu: die Sorge darum, die Kinder richtig zu erziehen, ihnen zu helfen, das Ziel zu erreichen, das wir anvisieren. Wie kann ich meinem Kind beibringen, Gott zu verherrlichen? Als mir klar wurde, dass die kleine Person in meinem Leben anders war als ich, sich aber auf mich verlassen würde, wenn es darum ging, in der Welt zurechtzukommen, las ich jedes Buch über Elternschaft, das gerade empfohlen wurde. Aber obwohl die meisten durchaus wertvolle Tipps enthielten, behandelte kein Buch alles, von dem ich fühlte, dass ich es wissen musste.

Im fünften Buch Mose besteht der wesentliche Rat an Eltern darin, ihr gesamtes Leben von Gottes Wort durchdringen zu lassen:

Und du sollst den Herrn, deinen Gott, lieben mit deinem ganzen
Herzen und mit deiner ganzen Seele und mit deiner ganzen Kraft.
Und diese Worte, die ich dir heute gebiete, sollst du auf dem Herzen tragen, und du sollst sie deinen Kindern einschärfen und davon reden, wenn du in deinem Haus sitzt oder auf dem Weg gehst,
wenn du dich niederlegst und wenn du aufstehst.
(5. Mose 6,5–7)

Das ist eine ziemlich unordentliche Art, Dinge zu tun. Es
geht nicht darum, Zeiten zum Bibelstudium mit den Kindern festzulegen oder für regelmäßige Familienandachten,
so gut und nützlich diese auch sein mögen. Es geht darum,
über Gott und sein Wort zu sprechen, wenn wir vor dem
Fernseher sitzen, auf dem Weg zur Schule sind, in den Ferien
im Bett kuscheln, zu Abend essen oder auf dem Weg zur
Schwimmstunde sind. Das Wichtigste ist, in den normalen,
alltäglichen Situationen über Gott zu sprechen, und so das
Leben in Bezug zu Gott zu setzen und Gott in Bezug zu unserem Leben. Das ist es, wozu Gottes Volk berufen ist. Es ist
seine Art, die kommende Generation zu erreichen.

Als meine Kinder im Kleinkindalter waren und später im
Kindergarten und in der Vorschule, war Lesen eine unserer
Hauptbeschäftigungen. Ich las den Kindern sehr viel vor
und half ihnen, selbst lesen zu lernen. Die ersten Worte, die
mein jüngerer Sohn lesen konnte, waren: »Gott« (gut) und
»Dave« (nicht so gut). Das kam daher, dass sein Lieblingsle-
sebuch zur Bibel zu dieser Zeit ein Klassiker der christlichen
Kinderliteratur war: Das »Veggie Tales Bible Storybook«.
Seine Lieblingsgeschichte aus dem Buch war »Dave und das
Riesengemüse« (die Geschichte von David und Goliath, na-
türlich in einer Version für Gemüse). Die Tatsache, dass sich
mein Sohn Goliath im Alter von drei Jahren als gigantische
Gewürzgurke vorstellte, hatte keine nennenswert nachteili-

ge Auswirkung auf seine theologische Entwicklung, wie ich mit einiger Erleichterung feststellen kann. Er liebte diese Geschichte, er liebte es, sie zu lesen und von Gott zu hören, ungeachtet des Anteils, den das Gemüse darin hatte.

In dieser Zeit lernten meine Kinder sehr viel Neues. Da Schwimmen eine sehr beliebte Aktivität war, meldete ich meine damals etwa fünfjährige Tochter in den Ferien zu einem einwöchigen Schwimmkurs an. Wie ich auf die Idee kommen konnte, meine Tochter zu einem Schwimmkurs anzumelden, der um 9 Uhr morgens beginnt? Ich habe nicht die geringste Ahnung. Und natürlich klingelte das Telefon ausgerechnet an einem Morgen, an dem wir keine Zeit mehr zu verlieren hatten.

Ich wollte es einfach klingeln lassen, aber meine Tochter hatte gerade gelernt, ans Telefon zu gehen, und nahm den Hörer ab. Was sie sagte, war nicht sehr zusammenhängend, aber weil ich glaubte, meine Mutter wäre dran, bat ich meine Tochter, mir das Telefon zu geben. Und zwar laut und direkt, weil sie so begeistert mit Telefonieren beschäftigt war und ich wusste, dass wir zur Schwimmstunde mussten. Als ich das Telefon schließlich in die Hand bekam, bemerkte ich glücklicherweise noch bevor ich »meine Mutter« mit meiner Hektik konfrontierte, dass es der Bischof war, der meinen Mann sprechen wollte. Oh je. Unsere Lektion daraus: Immer als Erstes fragen, wer der Anrufer ist, wenn man ans Telefon geht.

Weil kleine Kinder wie Schwämme sind, die Gedichte, Lieder und Geschichten leicht auswendig lernen, ist dies ein großartiges Alter, um damit anzufangen, Bibelverse und christliche Lieder zu lernen. Es war auch das Alter, in dem unsere Kinder lernten, wie man bekennt und vergibt. Wir wollten, dass sie lernen, mehr zu tun als »Entschuldigung« zu sagen, deshalb lehrten wir das Kind, das die Entschuldigung entgegenzunehmen hatte, außerdem zu sagen: »Ich vergebe dir«. Eine beiderseitige Versöhnung ist immer besser als nur eine Entschuldigung. Sie haben gelernt, Gottes Vergebung zu spiegeln, die mehr ist als ein »Ist schon o. k., macht nichts«. Stattdessen haben sie verstanden, dass Vergebung etwas kostet, aber trotzdem richtig ist. Manchmal braucht es etwas Zeit, bis Vergebung für eine Kränkung angeboten werden kann, aber der Satz »Ich vergebe dir« kommt irgendwann doch.

Top-Tipps aus dem Pfarrhaus: Kinderbibeln im Bücherregal des Pfarrhaushaltes

Die folgende Liste ist nicht vollständig. Wir haben viele unterschiedliche Kinderbibeln und Bibelbilderbücher ausprobiert. Dies ist eine Auflistung der Bücher, die ich öfter vorgelesen habe als andere und die zurzeit aktuell sind.[2] Wir waren immer der Auffassung: Je mehr, desto besser. Das meiste von dem, was die Kinder durch diese Bibeln gelernt haben, wurde nicht durch die Geschichten selbst vermittelt, sondern durch die Art und Weise, in der wir sie gelesen und mit ihnen besprochen haben. Ein weiterer Vorteil des Bibellesens mit Kindern ist, dass dies ein Teil unserer eigenen täglichen Andacht sein kann. Als ich mit meinen Kindern Geschichten aus der Bibel las, war auch ich auf Gott konzentriert. Wenn die Kinder größer werden, mögen sie es meistens immer noch, die einfacheren Bilderbuchbibeln zu lesen und oft lesen sie auch ihren jüngeren Geschwistern gern daraus vor.

---

2 [Viele der genannten Titel sind leider bei Erscheinen dieses Buches noch nicht auf Deutsch erhältlich. – *Anm. d. Übers.*]

1. Für Babys und Kleinkinder: In diesem Alter haben wir viele Bibelbilderbücher mit sehr kurzen, einfachen Geschichten gelesen:

- *Gott liebt mich: Bibel für die Kleinsten* von Susan Beck.122 Jede Geschichte endet mit: »Und Gott liebt MICH!«
- *The Rhyme Bible Storybook for Toddlers* von L. J. Sattgast und Toni Goffe.133 Sehr lustig, wenn man sie laut vorliest.
- *The Beginners' Bible for Toddlers* von Catherine DeVries und Kelly Pulley.144

Für Kindergartenkinder: In diesem Alter haben wir Bücher mit lustigen Geschichten und tollen Illustrationen gelesen:

- *The Beginners' Bible.*[5] Fangen Sie mit den *Beginning with God* Bibelnotizen für kleine Kinder an.
- *The Big Picture Story Bible* von David Helm.[6] Die Bilder in diesem Buch sind sehr clever gemacht. Schauen Sie genau hin, um mehr zu erkennen als bloße Illustrationen der Geschichte.
- *The Veggie Tales Bible Storybook* von Cindy Kenney und Big Idea Design.[7] Dieses Buch enthält den Bibeltext der New International Readers' Version – es geht also nicht nur um Dave und die Riesengewürzgurke.
- *The Rhyme Bible Storybook* von Linda Sattgast.[8] Da Kinder Gedichte lieben, ist dies eine lustige Art, biblische Geschichten weiterzugeben, und manche gereimte Geschichte bleibt ein Leben lang im Gedächtnis.
- *The Lion Storyteller Bible* von Bob Hartmann und Krisztina Kàllai Nagy.[9] Zu diesem Buch gibt es auch eine tolle CD, die wir allerdings leider zum Einschlafen für unsere Tochter zu aufregend fanden.

3. Für Grundschulkinder und (fast) Teenager:

- *International Children's Bible* von Bob Hartman und Krisztina Kállai Nagy.[10] Zusammen mit *XTB* Bibelnotizen. Diese Bibel enthält eine Übersetzung mit einfacher Wortwahl, die sich speziell an Kinder richtet. Die Bibelnotizen machen großen Spaß. Sie enthalten Rätselaufgaben und Spiele für 8–11-Jährige.
- *Die Gott hat dich lieb Bibel* von Sally Lloyd-Jones.[11] Gut erzählte Geschichten mit wunderschönen Illustrationen, die verdeutlichen, dass die gesamte Bibel auf Jesus hinweist.
- *My First Message* von Eugene H. Peterson.[12] Eine Andachtsbibel mit kurzen Auszügen aus der Version *The Message* mit Fragen, die zum Nachdenken anregen, und Vorschlägen zur Umsetzung und zum Gebet.
- *The Gospel Story Bible* von Marty Machowksi.[13] Mit vielen Geschichten und Verbindungen, die zeigen, wie Gottes Erlösungsplan durch die Bibel hindurch erfüllt wird.
- *The Action Bible* von Doug Mauss und Sergio Cariello.[14] Eine Bibel im Stil einer Graphic Novel. Gut erzählt, mit fantastischen Illustrationen, die unserem achtjährigen Sohn sehr gut gefallen haben. Wir haben die dazugehörigen CDs nicht, aber es gibt mehrere und außerdem ein Andachtsbuch mit Geschichten aus dieser Bibel.

UNORDENTLICHE GRUNDSCHULKINDER

Es kommt der Tag, an dem wir merken, dass die Kinder sich selbst anziehen und ohne fremde Hilfe lesen können. Die Kinder selbst bringen in diesem Alter mit großer Standhaftigkeit persönliche Vorlieben für alles mögliche zum Ausdruck: für Musik, Fernsehsendungen, Familienaktivitäten, Joghurtsorten und vieles mehr. Aus unseren Kindern werden Erstklässler – und von uns Eltern wird im Allgemeinen erwartet, dass wir das Elternsein mittlerweile im Griff haben. All das Mitgefühl und die viele Hilfe, die so freundlich angeboten wurden, als die Kinder noch klein und so oft krank waren, verlaufen sich im Sande, sobald sie anfangen, launisch zu sein, Widerworte zu geben und obendrein Hausaufgaben machen oder ihr Zimmer aufräumen müssen.

Interessanterweise fand ich es wesentlich schwieriger, mit einem Kind umzugehen, das ein paar Bücher oder schmutzige Klamotten nicht aufräumen wollte, als mit einem, das sich die ganze Nacht hindurch übergeben musste. Ständige Sorge bereitet mir außerdem die Frage, ob an folgendem Sprichwort der Jesuiten etwas Wahres dran sein könnte: »Gib mir das Kind, bis es sieben Jahre alt ist, und ich gebe dir den Menschen zurück.« Ich sehe, dass die Persönlichkeiten meiner Kinder sich jetzt, im Alter von acht, neun und elf Jahren, herausgebildet haben. Trotzdem bete ich, dass nicht alle ihre Charaktereigenschaften unveränderlich festgelegt sind, sondern dass sie erlöst werden durch Gottes Gnade, die uns mit der Kraft kleidet, das Richtige zu tun.

Ich habe beobachtet, dass Sonntage in diesem Alter eine besonders große Herausforderung darstellen. Wie schon gesagt, benehmen sich Kinder in einem Pfarrhaus an Sonntagen unter Garantie daneben. Das bringt der hohe Kragen ihres Vaters einfach mit sich. Sobald Papa zum Frühgottesdienst aus dem Haus gegangen ist oder sich auf den Weg zum Hauptgottesdienst gemacht hat, fangen sie an, ihr Unwesen zu treiben. Wenn ich gut organisiert wäre, könnte ich dann irgendeine tolle Aktivität aus dem Ärmel zaubern, mit der ich die wild herumtobenden Kinder beschäftigen könnte. Aber da mir das selten gelingt, muss ich diese Sonntagmorgen betend überstehen, Gottes Gnade suchen und auf seine Versorgung vertrauen. Ich erinnere mich daran, dass seine Gnade in den Schwachheiten vollkommen wird (2. Korinther 12,9). Für meinen Anteil am Durcheinander kann ich also seine Vergebung suchen und mir vornehmen, es beim nächsten Mal besser zu machen.

UNORDENTLICHE MUSIK

Wie kriegt man Kinder dazu, von der Schule nach Hause zu laufen, wenn sie noch klein sind und sich ständig über die Entfernung beklagen? Es gibt die Ich-krieg-dich-Methode, bei der man sie dazu ermuntert, immer bis zum nächsten Laternenmast zu rennen. Oder man lässt sie miteinander um die Wette laufen. Alle gewinnen natürlich und bekommen bei der Ankunft Applaus. Dann gibt es noch die Sing-Methode. Als meine Kinder kleiner waren, war unser Lieblingslied für den Nachhauseweg von der Schule eins aus der Krabbelgruppe:

Ich bin ein Schaf (Määh-Määh). Freu mich, wenn ich Futter kau. Ich bin ein Schaf (Määh-Määh). Manchmal bin ich nicht sehr schlau.
Fast jeden Tag verlauf ich mich, wie mühsam muss das sein.
Doch der Gute Hirte schaut nach mir und lässt mich nicht allein. (Ah-Ah-Ah-Ah Määh-Määh).
(Und wieder von vorne.)

Das laute Mähen hat immer sehr dabei geholfen, Kinderfüße anzuheben, wenn meine kleine Herde durch unsere ganz und gar unländliche Gegend mit Mietshäusern und vielbefahrenen Straßen nach Hause wanderte.

Christliche Lieder sind das Zentrum unseres Familien-Soundtracks, seit ich mir, während ich mit meiner Tochter schwanger war, mühsam »Wie tief muss Gottes Liebe sein«[15] auf dem Klavier beibrachte. Seit meiner letzten Klavierstunde waren über sechzehn Jahre vergangen und ich hatte die Abschlussprüfung nicht bestanden. Die Herausforderung war also größer, als man zunächst annehmen würde.

Wir brachten den Kindern Lieder und Reime bei und versuchten auch, ihnen schwierigere Kirchenlieder nahezubringen. Das Lieblingslied unseres mittleren Sohnes ist »In Christus ist mein ganzer Halt«,[16] das wir ihm oft als Schlaflied vorgesungen haben, als er zwischen sechs Monaten und ungefähr vier oder fünf Jahren alt war.

Als meine Tochter klein war und wir noch in Singapur lebten, stellte mir ein Freund den australischen Komponisten Colin Buchanan vor (nicht zu verwechseln mit dem anglikanischen Bischof). Er komponierte Kinderlieder, die musikalisch interessant, oft unterhaltsam und theologisch ausgewogen waren. Seine ersten Alben entdeckten wir noch in Singapur und wir hören sie bis heute immer noch gerne und gehen alle paar Jahre in eins seiner Konzerte. Außerdem singen wir Colins Lieder in der Gemeinde und bei Schulversammlungen.

Bevor unsere Kinder in das fünfte Schuljahr kamen, hörten wir im Auto praktisch nur christliche Musik. Wir hörten Colins Musik, aber auch Seeds Family Worship, Sovreign Grace Kids, Emu Music wie *The King, The Snake and the Promise*, Musik von Ishmael, Doug Horley oder die Great Big God-Alben. Jetzt, wo die Kinder älter sind, müssen wir etwas mehr mischen, aber unser Achtjähriger hört auf seinem MP3-Player immer noch ausschließlich christliche Musik. Zu der Musik von Colin Buchanan, Ishmael und der Family Seeds Worship gibt es eine sehr gute Auswahl von Merkversen aus der Bibel. Das ist eine tolle Art, Schriftstellen auswendig zu lernen, und auch die Erwachsenen profitieren davon. Wir haben viele andere Methoden zum Auswendiglernen von Schriftstellen probiert, aber mit der Musik funktioniert es eindeutig am besten. Für Philipper 2,14 (Schlachter 2000) haben wir uns ein eigenes Arrangement ausgedacht:

Tut alles
[This o-old man]
oh-ohne
[he played one]
Mu-urren und Bedenken
[he played nick-nack on my-y thumb]
U-und das ist aus Philipper zwe-ei, Vers vierzehn
[With a nick-nack p-paddywack, give a dog a bone]
Philipper zwe-eii, Vers vierzehn.
[this old man came rolling home]
(Gesungen nach der Melodie von »This Old Man, He Played One«)[3]

Es gibt sehr viele gute Materialien und es kommt immer wieder Neues auf den Markt. Auf YouTube und Spotify kann man sich Musik wunderbar anhören, bevor man sie kauft. Jetzt, wo unsere Kinder älter werden, hören wir öfter WOW Mix-CDs mit christlicher Musik, die eine große Bandbreite an Genres abdecken und sich daher gut als Einführung eignen. Der andere Erwachsene in unserer Familie ist außerdem ein Fan von LeCraes Rap, während ich eher die sanfte Folkmusik von Andrew Peterson mag (»Matthew's Begats« ist ein Lieblingssong unserer Familie). Die Kinder fangen an, diese Musik ebenfalls zu hören. Auf unsere eigene chaoti-

---

3 [Ein sehr bekanntes englisches Kinderlied, mit dem man Kindern zählen beibringt. – Anm. d. Übers.]

sche Art bringen wir also Gottes Wort in unsere Familie und wir vertrauen darauf, dass er seine kostbare Arbeit in unseren Herzen tut.

UNORDENTLICHE VORPUBERTIERENDE UND TEENS

Mein Mann und ich wagen uns erst allmählich in diesen neuen Bereich des Elternseins vor, obwohl wir beide Jugendgruppen und über Jahre auch Sommerfreizeiten mit Teenagern geleitet haben, diese Altersgruppe also sehr gut kennen. Es ist weit weniger anstrengend, Jugendgruppenleiter zu sein als Elternteil, obwohl auch die Arbeit mit einer Jugendgruppe ihre Schattenseiten haben kann. Die Familienhelferin unserer Gemeinde sieht nach einer Jugendgruppenstunde immer das Gute: Wenn nichts in Brand gesteckt wurde und niemand zu Tode gekommen ist, gibt es etwas, wofür wir dankbar sein können.

Paul Tripps Buch *Age of Opportunity* widerspricht der verbreiteten Vorstellung, dass es beim Erziehen von Teenagern vor allem darum geht, hormonelle Turbulenzen zu überleben. Er betont zu Recht die große Herausforderung, die beginnt, wenn Teenager anfangen, ihre eigene Persönlichkeit stärker auszudrücken. Nicht nur ihre Herzen werden dabei sichtbar, auch unsere eigenen Herzen werden bloßgelegt und wir sind zunehmend mit unseren verkehrten Gedanken und Wünschen konfrontiert. Er schreibt: »Gott kennt unsere Schwachheiten. Er ist sich unserer Sünde bewusst und er hat uns herrliche Gaben der Gnade gegeben, damit wir seine Werkzeuge zur Veränderung im Leben unserer Kinder sein können.«[17]

Unser Bedarf an Gnade wird uns sehr deutlich durch Kinder, die unsere Sünde sehen und sie beim Namen nennen können. Das ist einer der Gründe dafür, dass Paulus schrieb: »Und ihr Väter, reizt eure Kinder nicht zum Zorn, sondern zieht sie auf in der Zucht und Ermahnung des Herrn« (Epheser 6,4). Ärger ist ein Gefühl, das sehr leicht provoziert werden kann, insbesondere wenn Hunger und Müdigkeit im Spiel sind. Wir erleben mehr davon, als uns lieb ist, oft besonders in der ersten Stunde nach Ende des Schultages. Ich brauche Gnade, um ärgerliche Gedanken loszulassen, ohne dass ich sie ausdrücken muss. Ich brauche Gnade, um mir den Ärger meiner Kinder anhören zu können, ohne die Situation zum Eskalieren zu bringen.

Wie schon erwähnt, ist meine Tochter letztes Jahr in die weiterführende Schule gekommen. Während des ersten Halbjahrs und der ersten Hälfte des zweiten hatte sie einen Pullover, zwei Busfahrkarten und ein Handy verloren. Einer ihrer Schulschuhe war ganze zwei Wochen verschwunden, bevor er wiedergefunden wurde, und momentan scheint auch ihr Sportzeug vom Erdboden verschluckt zu sein. Jedes Mal, wenn sie eine Klarinettenstunde hat, bete ich, dass sie das Instrument wieder mit nach Hause bringt. (Sie hat eine Tante, die es geschafft hat, während ihrer Schullaufbahn zwei Flöten zu verlieren, indem sie sie in öffentlichen Verkehrsmitteln vergaß. In dieser Hinsicht gibt es also eine Familientradition.) Jedes Mal, wenn sie nach Hause kommt und etwas verloren hat, ist das eine Gelegenheit für uns, ihr Gnade zu zeigen und ihr zu helfen, auf Gottes Versorgung zu vertrauen. Es wird schwieriger, wenn es einmal die Klarinette sein sollte, die stiften gegangen ist, aber wenn man es richtig bedenkt, können verlorene Dinge uns doch gut an unser eigenes Verlorensein erinnern und an die Freude darüber, gefunden zu werden. Ich weiß noch genau, wie erleichtert wir waren, als der verschwundene Schuh wieder auftauchte. Es war wirklich eine große Freude im Pfarrhaus.

Der Schuldirektorin war aufgefallen, dass meine Tochter in Sportschuhen zum Unterricht gekommen war und ich hatte einen Anruf von der Jahrgangsstufenleitung bekommen. Während des ersten Jahres in der weiterführenden Schule war unser Haus oft wie eine Illustration zu Jesu Gleichnissen des Verlorenseins: Statt der Münze war es bei uns ein Schuh, statt des Schafes ein Schulbuch.

Wir teilen unsere Kinder und deren Unordnung gern so oft es geht mit anderen. Mit Beginn der weiterführenden Schule kommen dafür Jugendgruppen und Sommercamps in Frage. Meine Tochter zieht es zunehmend vor, mit ihrem Jugendleiter über den Glauben zu sprechen, anstatt mit ihren Eltern. Über die Jahre haben auch die Praktikanten, die bei uns zur Untermiete wohnen, Elternrollen angenommen. Je älter die Kinder werden, desto mehr werden sie allerdings zu großen Brüdern. Wenn unsere vorpubertierenden Kinder und Teens heranwachsen und beginnen, die Weisheit ihrer Eltern anzuzweifeln, versuchen wir dafür zu sorgen, dass sie Zeit mit anderen christlichen Erwachsenen verbringen, die ihnen den Glauben auf eine andere Art vorleben können als wir. Wir möchten ihnen die Möglichkeit geben, zu erkennen, dass unsere Sünden nicht unseren Glauben definieren – tatsächlich beten wir, dass sie über unser schwaches Vorbild hinweg auf den vollkommenen Herrn Jesus blicken. Andere Christen können unseren Kindern helfen, Christus in einer Weise zu sehen, die wir nicht widerspiegeln. In keiner Altersgruppe passen Kinder in feinsäuberlich aufgestellte Kategorien, daher gilt das Gleiche auch für unsere Erziehung. Chaotische Kinder brauchen eine chaotische Erziehung: flexibel, auf Änderungen vorbereitet und bereit, die Dinge immer wieder anders zu machen.

UNORDENTLICHE ANDACHTEN MIT KINDERN

Wenn man sich Zeit für eine Familienandacht nimmt, ereignet sich exakt in dem Moment, in dem die Bibel geöffnet wird, garantiert mindestens einer der folgenden Zwischenfälle oder sogar alle gleichzeitig: Die Katze miaut; ein Kind muss aufs Klo; man erinnert sich an eine extrem wichtige Hausarbeit, die sofort erledigt werden muss; ein Kirchenpfleger/Bestatter/Gemeindemitglied ruft wegen einer schweren Krise an oder es klingelt wiederholt an der Haustür, weil Kinder ihre Fahrradreifen aufgepumpt haben möchten. Zumindest läuft es in unserem Haus so.

Als unsere Kinder heranwuchsen und ihre Gewohnheiten sich änderten, hat sich auch unsere Art, mit ihnen zu beten, verändert. Als sie klein waren, haben wir mit jedem Kind einzeln die Bibel gelesen und mit ihnen zusammen gebetet. Auf unserer Reise durch die Kindheit dreier Kinder müssen wir etwa zwanzig verschiedene Kinderbibeln durchgelesen haben (von denen Ihnen einige in diesem Kapitel schon begegnet sind). Einige waren Geschenke, aber die meisten haben wir selbst gekauft. Wir hatten oft den Eindruck, dass es den Kindern mit einem einzigen Buch langweilig wird, deshalb haben wir sie gemischt, von eher ernsthaften und wortreichen Kinderbibeln bis hin zu etwas weniger genauen, aber lustigen Ausgaben. Wir hatten das Gefühl, es kommt darauf an, dass die Kinder begeistert von den Geschichten sind und dass sie sie auf unterschiedliche Arten hören, damit die biblischen Wahrheiten in ihren Herzen verankert werden. An manchen Abenden haben wir das Lesen vergessen und manchmal mussten wir ein halb gelesenes Buch vorzeitig austauschen, nachdem es im Durcheinander verloren gegangen war.

Jetzt, wo unsere Kinder größer sind, ermutigen wir sie,

die Bibel selbst zu lesen, und versorgen sie mit Bibellesezeitschriften und Andachtsbüchern, wenn sie es möchten. Außerdem halten wir öfter Familienandachten, seit alle Kinder lesen und sich länger als eine Nanosekunde am Stück konzentrieren können. Da in unserem Haushalt alle von einer außerschulischen Aktivitäten zur nächsten hasten, schaffen wir es nicht, jeden Abend zusammen zu sein. Aber mit dem Grundsatz im Blick, dass es besser ist, etwas zu tun als gar nichts, halten wir durch und nutzen die Zeit, die wir haben. Unsere Trefferquote liegt normalerweise nur bei einmal pro Woche, aber in letzter Zeit haben wir es in einer gemeinsamen Anstrengung geschafft, mehr als das zu schaffen. Wir haben zurzeit besonders viel Freude an *Thoughts to Make Your Heart Sing* von Sally Lloyd-Jones.

Manchmal heißt Andachten halten, gegen Leseverweigerungen zu kämpfen oder mit Streit und Unterbrechungen umzugehen, die damit enden, dass jemand auf die Treppe geschickt wird, um das eigenen Verhalten zu überdenken. Aber Gott kann in seiner Gnade auch chaotische Andachten gebrauchen, um an unseren Herzen zu arbeiten. Das Wichtigste ist, dass wir die sich bietenden Gelegenheiten ergreifen, um mit unseren Kindern über Gottes Wort zu sprechen. Chaotisch oder nicht, wir können Gott vertrauen, dass sein Wort wirken wird.

UNORDENTLICHE ERWACHSENE KINDER

Erwachsene Kinder zu haben, kommt auf uns noch zu. Da ich aber selbst ein erwachsenenes Kind bin, erkenne ich viel Wahrheit in folgender Definition von Erziehung: »Erziehung bedeutet dreizehn Jahre Anstrengung, gefolgt von lebenslanger Sorge.«

Der Herr Jesus lehrte seine Nachfolger, sich nicht um den morgigen Tag zu sorgen (Matthäus 6,34). Mein Ziel ist es daher, die viele Schlaflosigkeit zu überwinden und zu lernen, den Herrn für den morgigen Tag sorgen zu lassen. Erwachsene Kinder bedeuten das Ende intensiver Erziehungsjahre. Wir haben sie auf das Ziel der Herrlichkeit Gottes ausgerichtet und für den Dienst an ihrer Generation befähigt. Jetzt lassen wir unsere Pfeile los und vertrauen Gott den morgigen Tag an.

Wenn die Kinder aus dem Haus gehen, bedeutet das allerdings nicht das Ende des Elternseins. Ich wende mich immer noch an meine Eltern, wenn ich Rat brauche (oder Gedichte – siehe den Anfang dieses Buches). Dass Kinder ihr Zuhause auf eine gute Weise verlassen, ist das Ziel der Erziehung, auch wenn es nichts ist, worauf ich mich als Mutter freue. Ich denke schon jetzt an diese Zeit, um mich darauf vorzubereiten. Wenn es so weit ist, sollten wir bereit sein. Deshalb lehre ich meine Kinder, im Chaos des Lebens zurechtzukommen, indem ich über Gottes Wort spreche und es lebe, so gut es mir trotz meines eigenen Durcheinanders und meiner Sündhaftigkeit möglich ist. Ich probiere neue Dinge aus, wenn die gewohnten Abläufe nicht mehr funktionieren. Aus vielen Dingen mache ich ein Chaos und bitte meine Kinder um Vergebung dafür. Ich behalte das Ziel der Herrlichkeit Gottes fest im Blick und vertraue darauf, dass seine Gnade mich dort hinbringen wird.

GNADE UND VERSORGUNG IN DER ERZIEHUNG

In einem Seminar für Eltern, das ich einmal besuchte, bekamen wir einen großartigen Satz, den wir uns an den Spiegel oder in den Küchenschrank hängen sollten: »Du bist ein

Vorbild.« Es ist besonders gut, diesen Satz in Hinterkopf zu haben, wenn ich mich übernächtigt und mit ungewaschenem Haar aus dem Bett kämpfe. Aber es ist wahr. Ich mag vielleicht nicht glamourös sein, aber für meine Kinder bin ich ein Vorbild für das Leben im Glauben. Aber wie bereits erwähnt, bin ich ihnen beängstigenderweise ebenso ein Vorbild für sündige Verhaltensmuster. Deshalb muss ich wissen, wie ich Gnade und Vergebung vorleben kann, wenn sich diese Sünde zeigt – was sie mit Sicherheit tun wird.

Ich richte auch dann den Pfeil auf das Ziel aus, wenn ich meinen Sohn um Vergebung dafür bitte, dass ich mit einer Meinungsverschiedenheit schlecht umgegangen bin. Bei dieser Gelegenheit kann ich ihm Gnade vorleben. Ich brauche auch Gnade, um den Kindern zu vergeben, wenn sie gegen mich sündigen. Wenn ich nach einem Streit weinend dasitze, spreche ich über Gott, und wenn wir gemeinsam über unsere Sünde an diesem Tag nachdenken und das Teezeit-Bekenntnis beten, sage ich etwas über sein Wort.

Ich könnte viel Zeit damit verbringen, mir Sorgen um die Zukunft meiner Kinder zu machen. Werden sie diese Woche ihre Hausaufgaben fertigbekommen? Werden sie im nächsten Halbjahr in die Schulmannschaft gewählt? Werden sie weiterhin in der Bibel lesen, wenn sie Teenager sind? Werden sie in der neuen Schule Freunde finden? Werden sie weiterhin Christus nachfolgen, nachdem sie aus dem Haus gegangen sind? Natürlich gibt es für keines dieser Ziele und Wünsche eine Garantie. Aber wenn es den Anschein hat, dass die Dinge schiefgehen, muss ich mich an Gottes Versorgung erinnern: sein gutes Ordnen seiner Welt in allen denkbaren Umständen.

Der presbyterianische Pastor Ebenezer Erskine aus Schottland erinnert uns daran, wie Gnade und Versorgung zusammenwirken, »zu [unserem] Nutzen und Vorteil«:

Zunächst ein Wort des Trostes. Wisset denn, Glaubende, zu eurem Trost, dass »der Heilige Israels euer König ist und durch seine Gnade euer Horn erhöht wird; Gnade und Wahrheit gehen vor seinem Angesicht her«, mit dem Blick auf euer Glück in der Zeit und in der Ewigkeit. Alle Gnade und Barmherzigkeit im Herzen des Königs sind für euch bestimmt und euch durch einen festen Bund zugesichert. Seine gesamte Herrschaft, die der Gnade und die der Versorgung, ist zu eurem Nutzen und Vorteil ausgerichtet, Römer 8,28. Ihr seid die Kinder des Königs; er hat euch in seine Familie aufgenommen, ja, ein Erbe für euch bestimmt, als »Erben und Miterben des Christus«.[18]

Mir wurden Kinder gegeben und das nicht nur zur ihrem Besten. Der König, der mein Glück im Blick hat, in der Zeit und in der Ewigkeit, gab sie mir. Diese Wahrheit muss ich mit meinem ganzen Herzen ergreifen, während ich auf meine chaotische Art durch die Mutterschaft stolpere, zögernd und doch entschlossen, meine Pfeile auf Gottes Herrlichkeit auszurichten.

5. UNORDENTLICHE GEMEINDE

Heute habe ich eins der Zehn Gebote vergessen (Mord, wenn Sie es genau wissen wollen).

Ich habe den geweihten Wein ausgetrunken, als noch zwei Gläubige auf das Abendmahl warteten.

Die Lesung passte nicht zur Predigt.

Der CD-Spieler funktionierte nicht, deshalb machte sich jemand auf den Weg, um einen anderen zu holen. Nach dem ersten Lied kam er damit zurück. Die CD blieb die ganze Zeit hängen oder setzte aus oder machte irgendwelche anderen Probleme.

Ein typischer Gottesdienst also.

Alle wirkten fröhlich und auferbaut.[1]

Haben Sie schon einmal einen Gottesdienst erlebt, wie ihn Marc Lloyd, Pastor aus Sussex, beschreibt? Ich schon oft. Öfter als oft. Wenn gefallene Menschen eine Zusammenkunft gefallener Menschen organisieren, gibt es endlose Möglichkeiten für ein Chaos, und nicht alle haben mit versagender Technik zu tun – obwohl Projektoren, Computer und Mikrofone sehr verlässlich unterhaltsame Pannen produzieren. Aber trotz des Durcheinanders waren Marcs Gemeindemitglieder fröhlich und auferbaut. Wie können wir dazu beitragen, dass die Gemeinde sowohl außerhalb als auch während der regulären Zusammenkünfte eine auferbauende und fröhliche Gemeinschaft wird – trotz des Chaos?

Chaotische Gottesdienste erinnern uns an die Beziehungen, die eine Gemeindefamilie ausmachen. Gottesdienste können absichtlich unordentlich sein – wir veranstalten monatlich einen »Chaotischen Gottesdienst« für Familien[2] –, aber in den meisten Fällen kommt das Durcheinander ganz zufällig zustande. Stellen wir uns den Tatsachen: Das Gemeindeleben ist niemals einfach und geradlinig. Immer wieder bringen Leute die Planung durcheinander, versagen Computer oder kreischen Mikrofone. Manche vergessen ihren Dienst für den Kaffee nach dem Gottesdienst; manchmal rufen Betrunkene oder geistig Verwirrte während des Gebets laut dazwischen oder Kinder aus dem Pfarrhaus weigern sich, dort zu sitzen, wo ihre Mutter sie zu sitzen gebeten hat. Was läuft falsch?

WAS IST GEMEINDE?

Im Neuen Testament bezeichnet das Wort »Gemeinde« (griechisch *ekklesia)* alle Gläubigen: sowohl die weltweite Gemeinde als auch die konkreten Zusammenkünfte der Gläubigen, also die Ortsgemeinde. Sich mit der weltweiten Gemeinde zu befassen, kann sehr ermutigend sein – für mich würde allerdings der Versuch, sie in diesem Kapitel unterzubringen, ein viel zu großes Durcheinander verursachen, deshalb werde ich mich im Folgenden auf die Ortsgemeinde konzentrieren.

Heilige, Sünder, Gottesdienste

Die Ortsgemeinde ist vor allen Dingen eine Zusammenkunft von Sündern, die außerdem auch Heilige sind. Chaotische, sündige Heilige treffen sich an Sonntagen zum Gottesdienst und während der Woche auch zu anderen Gelegenheiten.

Die Ortsgemeinde spiegelt tendenziell ihr jeweiliges soziales Umfeld wider. Ich war Mitglied in traditionellen, großstädtischen anglikanischen Kirchen; in großen Gemeinden mit hohem Studentenanteil; in einer Gemeinde eines Landes, in dem es der Mehrheit der Bevölkerung verboten ist, Christ zu werden; in einer Gemeinde, in der die meisten Gottesdienstbesucher in einer anderen Sprache als Englisch beteten, und gerade vor Kurzem besuchte ich zwei Gemeinden in sozial benachteiligten, multikulturellen Gegenden. Was habe ich herausgefunden? Egal, wohin man geht, Gemeinde ist überall ziemlich genau gleich. Der spezielle Geschmack der Sünde unter den Heiligen mag sich ein wenig unterscheiden, je nachdem, wohin man geht, und zum Kaffee mag es entweder Kekse und Kuchen geben oder Rambutans (in Südostasien sehr beliebte pelzige Litschies) oder auch »String Hoppers« (zu kleinen Pfannkuchen zusammengebratene Reisnudeln – sehr lecker mit Curry). Aber wo immer es Heilige gibt und Gottesdienste, in denen sie zusammenkommen, sind die Unterschiede insgesamt weit geringer, als man annehmen würde.

In einem kürzlich veröffentlichten Buch fand ich folgende Definition von Gemeinde: »Der Ort, an dem das Königreich des Himmels das Königreich dieser Welt am stärksten beeinflusst.«[3] Wenn das Königreich des Himmels das Königreich dieser Welt beeinflusst, ist es keine Überraschung, dass wir in unseren Gemeinden ein solches Durcheinander vorfinden. Die Königreiche dieser Welt kämpfen um die Vorherrschaft und fördern das Chaos, das aus unserer Sünde entsteht. Gott hat die Ortsgemeinde dazu erwählt, durch ihn die Welt zu beeinflussen. Wie klein und unbedeutend sie auch scheinen mag, sie ist genau dort, wo sie nach Gottes Plan sein soll.

Unordentliches Gebäude, unordentlicher Leib, unordentliche Familie, unordentliche Braut?

Im Neuen Testament wird die Gemeinde als ein Gebäude beschrieben. Kein fertiges Gebäude, das funkelnd dasteht und darauf wartet, dass Würdenträger das Band zur Eröffnung durchschneiden. Es handelt sich eher um eine Baustelle:

> So seid ihr nun nicht mehr Fremdlinge ohne Bürgerrecht und Gäste, sondern Mitbürger der Heiligen und Gottes Hausgenossen, auferbaut auf der Grundlage der Apostel und Propheten, während Jesus Christus selbst der Eckstein ist, in dem der ganze Bau, zusammengefügt, wächst zu einem heiligen Tempel im Herrn, in dem auch ihr miterbaut werdet zu einer Wohnung Gottes im Geist.
>
> (Epheser 2,19–22)

Früher entwickelte ich als Ingenieurin Wasser- und Abwasseranlagen. Manchmal verbrachte ich einen Teil meiner Arbeitszeit auf der Baustelle, um die Installation der Anlagen, die ich entworfen hatte, zu überwachen. Mein längstes Projekt war der Bau einer Kläranlage in Inverness. Die Baustelle lag am Fluss Ness. In einer großen Blechhütte installierten wir Rohre, Betonkanäle und Siebe. Ich trug bei der Arbeit niemals schöne Kleidung, sondern Jeans, Stiefel mit Stahlkappen und einen Schutzhelm. Es war eine Baustelle und wir waren entsprechend gekleidet, weil wir wussten, dass wir zusätzlich zu den technischen Herausforderungen mit Matsch und Staub in Berührung kommen würden. Ein Gebäude wird nicht auf einfache oder saubere Art errichtet. Ich war auf der Baustelle, weil meine Firma genau wusste, dass jemand dort sein musste, um die Probleme zu lösen, die beim Aufbau abzusehen waren.

Wenn wir eine Gemeinde bauen, entstehen Probleme, sobald die Strukturen wachsen. Möglicherweise passen die

Dinge am Anfang nicht gut zusammen, aber Gott arbeitet weiterhin an seinem Volk, auch im und durch das Chaos.

Ein anderes Bild zur Beschreibung der Gemeinde im Neuen Testament ist das eines Leibes (1. Korinther 12). Es erinnert uns daran, dass Gemeinden komplex sind und aus sehr unterschiedlichen Teilen bestehen, die nicht immer so arbeiten, wie sie sollten. Nicht jeder ist so stark mit dem Leib verbunden, wie er sollte. Aber wenn wir unsere Beziehungen in der Gemeinde vertiefen, wächst der Leib zusammen, und Muskeln, Bänder und Sehnen werden gestärkt. Ich bin kein großer Fan von Training, größtenteils, weil es anstrengend ist. Es ist schmerzhaft. Natürlich würde ich viel lieber auf dem Sofa sitzen und ein Buch lesen. Aber ich weiß, dass das Trainieren gut für mich ist, deshalb sollte ich es tun. Ich sollte meine Muskeln kräftigen, denn so werde ich am einfachsten die Schmerzen in meinem unteren Rücken los, die mich immer wieder plagen. Diese Woche habe ich mich in einem Fitnessstudio angemeldet. Ich werde dort anfangen, sobald ich dieses Buch fertiggeschrieben, das Haus aufgeräumt, ein paar Blogartikel gepostet und keine Ausreden mehr habe.

Das Entwickeln mancher Gemeindemuskeln ist schmerzhaft. In der Gemeinde meiner Schwester wechseln die Hauskreise regelmäßig und solch ein Wechsel ist schwer, weil sich Menschen, die sich vorher wöchentlich trafen, plötzlich viel seltener sehen. Aber als meine Schwester vor Kurzem krank war, erlebten wir, welche Kraft wechselnde Kleingruppen entfalten können. Der Schmerz der Veränderung hatte den Leib wachsen lassen und gestärkt, sodass meine Schwester und ihre Familie Unterstützung bekamen, als sie sie brauchten.

Die Anweisung, diejenigen, die mit uns glauben, wie Väter und Mütter, Brüder und Schwestern zu behandeln (1. Timotheus 5) erinnert uns daran, dass die Gemeinde auch eine

Familie ist. Wir wissen, dass Familie Chaos ist und Chaos verursacht. Meine lokale Gemeindefamilie besteht aus den Menschen, die »Gott mir gegeben hat, damit ich sie liebe«. Es mag gute Gründe geben, die Gemeinde zu wechseln, aber wenn ich es schwierig finde, meine Gemeindefamilie zu lieben, hilft es mir vielleicht, mir bewusst zu machen, dass Gott sie mir aus genau diesem Grund gegeben hat. Jemand sagte mir einmal, wenn ich es schwer fände, einen Bruder oder eine Schwester zu lieben, sei es das Beste, für diese Person einen Kuchen zu backen. Etwas Praktisches für jemanden zu tun, kann meine Liebe für diesen Menschen stärken. (Hinweis: Machen Sie sich keine Sorgen, wenn ich einen Kuchen für Sie backe. Normalerweise ist das nicht der Grund dafür, dass ich backe.)

In Offenbarung 19 wird die Gemeinde als eine Braut beschrieben. Obwohl bei meiner Hochzeit ständig der Blumenschmuck am Kopf verrutschte, würde ich nicht sagen, dass ich insgesamt chaotisch war. Die Braut in der Offenbarung steht natürlich für die Gemeinde beim Hochzeitsmahl des Lammes. Es ist die Gemeinde am Ende der Zeit, vollkommen und bereit, den Herrn zu treffen. Dann werden wir zurückschauen und Gottes Versorgung darin erkennen, dass er uns in die Gemeinde gebracht hat, zu der wir gehörten. Dann wird alles, was wir sehen, Gottes Gnade sein, und er wird das Durcheinander des Gemeindelebens vollkommen machen.

Top-Tipps: Gemeindegebäude

1. **Seien Sie gut vorbereitet:** Wesentliche Arbeiten am Gebäude müssen immer dann durchgeführt werden, wenn die Gemeinderäume dringend für große Veranstaltungen gebraucht werden, wie beispielsweise den Besuch des Bischofs oder einen »Christingle« Gottesdienst im Advent usw. Bei unserer letzten Veranstaltung dieser Art war unsere Kanzel in Plastikfolie verpackt, die unansehnliche Reparaturen am Putz verdecken sollte.

2. **Beschilderung:** Jede Gemeinde bewahrt irgendwo eine alte Aufstelltafel auf. Kommen Sie nicht auf die Idee, sie in einem Anfall von Ordnungsliebe wegzuwerfen, nur weil die Sonntagsschule sie nicht mehr benutzt. Sehr bald schon wird sie gebraucht werden, um Gottesdienstbesucher zum Seiteneingang umzuleiten, wenn die Haupteingangstür wegen herabfallenden Mauerwerks gesperrt werden muss.

3. **Elektriker/Gasableser:** Diese Leute rufen so gut wie immer am freien Tag im Pfarrhaus an (der ein Arbeitstag für die meisten Menschen ist, aber nicht für Pastoren) und bitten um Führung durch einen Irrgarten verschlossener Türen, um an die Zähler zu kommen. Sollten Sie es geschafft haben, sicherzustellen, dass der Ableser das nächste Mal an einem passenderen Tag kommt, werden Sie feststellen, dass Ihr Stromvertrag verlängert werden muss, und zu einem anderen Anbieter wechseln – der dann wieder am freien Tag erscheint. Es ist ein aussichtsloser Kampf.

4. **Fehlende Gegenstände:** Im Heizungskeller gibt es Monster, die nachts herauskommen und Folgendes

fressen: Geschirrhandtücher, Teelöffel, Lesebrillen, die auf dem Regal im hinteren Teil der Gemeinde vergessen wurden, und den roten Fruchtsaft, der als alkoholfreie Alternative zum Abendmahl angeboten wird.

5. **Eichhörnchen:** Sollte Ihr Gemeindegebäude von Eichhörnchen befallen sein, wird empfohlen, diese so schnell wie möglich zu taufen. Auf diese Weise ist sichergestellt, dass sie nur noch an Weihnachten und gelegentlich zu Ostern zu den Gottesdiensten erscheinen werden.

UNORDENTLICHE HEILIGE

Was die Gemeinde vor allen Dingen zu einem Chaos macht, ist die Gegenwart der chaotischen Heiligen, aus denen sie besteht. Die Briefe an die Gemeinden im Neuen Testament machen uns deutlich, dass Beziehungschaos in Gemeinden nichts Neues ist. Die Gemeinde in Korinth ist ein gutes Beispiel dafür: Es gab Streit (1. Korinther 1,11), eine skandalöse Affäre (1. Korinther 5,1) und Gemeindemitglieder brachten sich gegenseitig vor Gericht (1. Korinther 6); sie betranken sich während des Abendmahls (1. Korinther 11,20-21) und mussten daran erinnert werden, dass Gottesdienste in einer gewissen Ordnung abgehalten werden sollten (1. Korinther 14).

Als Paulus seinem Besuch in Korinth entgegensah, war er besorgt darum, was er dort vorfinden würde:

Denn ich fürchte, wenn ich komme, könnte ich euch nicht so finden, wie ich wünsche, und ihr könntet auch mich so finden, wie ihr nicht wünscht; es könnte Streit unter euch sein, Eifersucht, Zorn, Selbstsucht, Verleumdung, Verbreitung von Gerüchten, Aufgeblasenheit, Unruhen, so daß mein Gott mich nochmals demütigt bei euch, wenn ich komme, und ich trauern muß über viele, die zuvor schon gesündigt und nicht Buße getan haben wegen der Unreinheit und Unzucht und Ausschweifung, die sie begangen haben.

(2. Korinther 12,20–21)

Vieles in diesem Text erinnert an Dinge, die unter Heiligen aller Gemeinden überall auf der Welt stattfinden. Hoffentlich ist das Chaos in unserer Gemeinde nicht so schlimm wie in einer mir bekannten Gemeinde, in der (wie mir erzählt wurde) ein verärgertes Gemeindemitglied während eines besonders angespannten Gottesdienstes dem damaligen Pastor mit einer Machete gegenübertrat. Spannungen und Meinungsverschiedenheiten sollten uns allerdings nicht überraschen, denn sie gehören zu den Auswirkungen des Zusammentreffens des Königreichs des Himmels mit den Königreichen dieser Welt.

Da in unserer Gemeinde das kulturelle Umfeld sehr vielfältig ist, überrascht es außerdem nicht, dass sich unsere Gemeinde aus zunehmend unterschiedlichen Menschen zusammensetzt. Zurzeit haben wir nicht nur Mitglieder aus westlichen, karibischen und asiatischen Ländern unter uns, nach und nach kommen auch Osteuropäer und Afrikaner dazu, die in unsere Gegend gezogen sind. Das kann für chaotische kulturelle Missverständnisse und Fehltritte sorgen, zeigt uns aber auch, wie viel Gnade wir in unseren Beziehungen brauchen. Es erinnert uns an unsere Identität als »Gäste und Fremdlinge« (1. Petrus 2,11) in dieser Welt. Wenn wir Christen sind, ist keiner von uns wirklich dort zu Hause, wo wir leben. Unter Menschen anderer Kulturen zu sein, ist eine sehr nützliche Erinnerung an diese Tatsache.

In einer Gemeinde von Freunden im Zentrum von London beträgt die Fluktuation 30 % pro Jahr. Sie müssen mit einem chaotischen Hin und Her umgehen, da permanent Ersatz für Hauskreisleiter oder Helfer für das Kaffeeteam gesucht wird. Es ist eine Gemeinde aus Gästen, die ständig auf Reisen sind. In unserer Gemeinde leben viele Menschen in gemieteten Wohnungen, Zimmern oder Häusern, was zur Folge hat, dass die meisten umziehen, wenn sie eine bessere Unterkunft bekommen können. Durch Veränderungen, den Verlust von Freunden und durch die harte Arbeit, die es bedeutet, Neuankömmlinge kennenzulernen, entsteht Chaos in Beziehungen. Jede Gemeinde sollte sich daher mit Freuden darauf vorbereiten, die Schmerzen der Veränderung zu akzeptieren.

Wenn unsere Gemeinde chaotisch erscheint, weil so viele neue Gesichter dabei sind oder weil sich nicht alle gleich anziehen, spiegelt dies das Königreich Gottes wider. Wir erleben, wie wir alle verwandelt werden von Herrlichkeit zu Herrlichkeit (2. Korinther 3,18), und so wird es sein, bis wir alle Christus gleichen, wenn wir am Ende der Tage in die Gegenwart des Vaters kommen. Veränderung ist eine Variante der Gnade Gottes für uns, der uns darauf vorbereitet, ihm zu begegnen. Und sie ist Teil seiner Versorgung, mit der er unsere Welt zu seiner Herrlichkeit ordnet.

UNORDENTLICHE GOTTESDIENSTE UND UNORDENTLICHE VERSAMMLUNGEN

Die Gemeinde, in der mein Mann und ich geheiratet haben, erfreute sich einer hohen Mitgliederzahl, eines exzellentes Musikteams und einer hervorragenden biblischen Lehre. Fast alles lief dort glatt, weil Mitarbeiter und Gemeinde sich große Mühe gaben, das Evangelium sowohl den Gläubigen als auch den vielen Suchenden, die jede Woche kamen, auf ansprechende Weise nahezubringen. Aber obwohl allen Eventualitäten mit so viel Mühe vorgebeugt wurde, konnten Störungen nicht ausgeschlossen werden. An einem drückend heißen Sommerabend stand die Tür zu der im Stadtzentrum gelegenen Gemeinde offen, und ein reichlich mitgenommen aussehender Mann spazierte herein. Der ansonsten immer so nahtlos ablaufende Gottesdienst wurde unterbrochen, als unser Besucher lautstark versuchte, etwas zur Predigt beizutragen – bis er schließlich von den stets aufmerksamen Gemeindeordnern zu einer Tasse Tee eingeladen wurde.

In unserer jetzigen Gemeinde finde ich es oft schwer, mich im Gottesdienst zu konzentrieren, weil ich an all die Dinge denke, die schiefgehen könnten. In unseren vier Jahren in dieser Gemeinde haben wir jedes nur denkbare technische Versagen miterlebt (Lautsprecher, Mikrofone, Computer, Video) sowie Bedienungsfehler am Tonpult und an der Software zur Projektion der Folien, vor allem, wenn eins meiner abenteuerlustigen Kinder daran arbeiten wollte. Es gab unzählige Tippfehler in Liedtexten, weil die Korrekturleserin der Gemeinde (ich) es an einem Samstagabend wieder nicht auf die Reihe bekommen hatte. Wir haben die Milch für den Tee oder Kaffee vergessen (was normalerweise behoben wurde, indem ich nach Hause raste und unsere holte – was nebenbei bemerkt der Grund dafür sein muss, dass Pfarrhäuser immer direkt neben der Kirche gebaut werden). Vor einigen Wochen nahm mein Mann sich abends etwas von dem Brot, das für das Abendmahl gedacht war. Als er am Sonntag im Gottesdienst das Brot brach, bemerkte er, dass die beiden Scheiben mit Butter bestrichen waren.

Und natürlich gibt es auch Leute – und dazu gehören manchmal Bewohner des Pfarrhauses –, die nicht erscheinen, wenn sie für den Kaffeedienst eingeteilt sind, oder zu spät kommen, betrunken sind, betteln, streiten oder demonstrativ nicht vergeben. Was für ein Durcheinander. Welch ein Versagen. Aber nichts davon ist für Gott eine Überraschung. Er sagt, dass er seine Gemeinde bauen wird (Matthäus 16,18). An diesem Außenposten von Gottes Königreich bekommen wir kleine Eindrücke von seiner Herrlichkeit. Es gibt so viel Unordnung, aber manchmal laufen die Dinge auch gut. In den meisten Fällen sehen wir, wie die Heiligen am Sonntag und auch während der Woche freundlich zueinander sind. Wir sehen etwas vom Charakter Gottes in seinen Menschen. Deshalb bleiben wir auch im Chaos dabei.

Wenn wir uns mit Menschen, die zu Gott gehören, am Sonntag oder einem anderen Tag treffen, kommen wir nicht nur mit einer Gruppe von Sündern zusammen. Wir begegnen Heiligen – und unserem heiligen Gott. Ich muss mich daran erinnern, dass ich nicht einfach etwa fünfzig gefallene, unvollkommene Menschen treffe. Unsere Versammlung ist eine Spiegelung des Himmels:

> Sondern ihr seid gekommen zu dem Berg Zion und zu der Stadt des lebendigen Gottes, dem himmlischen Jerusalem, und zu Zehntausenden von Engeln, zu der Festversammlung und zu der Gemeinde der Erstgeborenen, die im Himmel angeschrieben sind, und zu Gott, dem Richter über alle, und zu den Geistern der vollendeten Gerechten, und zu Jesus, dem Mittler des neuen Bundes, und zu dem Blut der Besprengung, das Besseres redet als [das Blut] Abels.
>
> (Hebräer 12,22–24)

Und natürlich sind die Gottesdienste am Sonntag nicht alles, was Gemeinde ausmacht. Wir treffen uns auch in der Woche, sodass die Möglichkeiten, ein Chaos anzurichten, auch von Samstag bis Montag im Überfluss vorhanden sind. Auf dem Flur unserer Gemeinde gibt es eine Küche. Aber wer hat die ganzen Geschirrtücher? Wo sind sie hingekommen? Und wer hat die Butter benutzt, die ich letzte Woche im Kühlschrank gelassen habe? Wir brauchen so oft Gnade.

GNADE UND VERSORGUNG IN DER GEMEINDE

Ich weiß, dass ich es schon erwähnt habe, aber Sonntagmorgen sind nicht unbedingt meine allerbeste Zeit. Ich komme oft mitten aus der Vorbereitungshektik für das Sonntagsessen in der Gemeinde an, streitschlichtend, meine Kinder zur Eile drängend und an Vergesslichkeit in letzter Minute leidend. Habe ich alle Materialien für den Kindergottesdienst? Habe ich Ofen und Timer für den Braten angestellt? Die Gnade ist oft weit von mir entfernt, wenn ich mich auf meinen Platz setze und versuche, herauszufinden, wo meine Kinder sind, die sich gerade in dem Moment, wenn die Ansagen beginnen, im gesamten Gebäude verteilt haben.

Einer der Vorteile, Anglikanerin zu sein, besteht darin, dass unsere Liturgie relativ zu Beginn des Gottesdienstes ein Bekenntnis enthält. Und in der kurzen Zeit zwischen dem Aufstehen am Morgen und der Ankunft im Gemeindegebäude ist immer irgendetwas vorgefallen, das ich bekennen muss. Gottes Gnade und Vergebung zu suchen, sollte mir eigentlich helfen, aber ich werde auch in diesem Moment noch von Ablenkungen geplagt. Kann ich dem für die Folien Verantwortlichen gegenüber gnädig sein, obwohl er ständig den Wechsel der Strophen verpasst? Kann ich meinem Mann gegenüber in Bezug auf seine Predigt gnädig sein? Ist mir bewusst, dass ich in der Versammlung der Heiligen zum Berg Zion gekommen bin?

Ich sollte niemals vergessen: Dies sind die Menschen, die Gott mir gegeben hat, damit ich sie liebe. Zweimal schreibt

Petrus seinen Lesern, dass sie einander von Herzen und innig lieben sollen (1. Petrus 1,22; 4,8). Es ist nicht offensichtlich. Es ist noch nicht einmal einfach. Aber ich soll es tun. Ich soll Menschen lieben, die freundlich und gut zu mir sind, und ich soll auch die lieben, die es nicht schaffen, mich zurückzulieben. Es ist viel einfacher, Glaubensgeschwister aus der Entfernung zu lieben, Christen in fernen Ländern, die viel zu kämpfen haben. Die wahre Herausforderung für mich besteht aber an diesem Sonntag in der Gemeinde darin, die Person zu lieben, die schwer zu lieben ist, wegen der Art, mit der sie mich behandelt, oder wegen ihrer lieblosen Haltung gegenüber anderen in der Gemeinde oder in ihrem Umfeld. In der Gemeinde kennen wir einander. Und trotzdem sind wir dazu berufen, einander zu lieben. Innig. Aus einem reinen Herzen. Deshalb muss ich das reine Herz suchen, das aus Gottes Vergebung und Gnade kommt.

Darüber hinaus sind wir dazu berufen, einander Gnade auf praktische Art zu erweisen. Ich muss also der Person nicht nur innerlich vergeben, ich soll ihr auch Gutes tun. Vielleicht sollte ich sie zum Tee einladen. Oder möglicherweise sollte ich etwas tun, das mich mehr kostet. Wenn Menschen Hausgenossen des Glaubens sind, bin ich dazu berufen, ihnen in besonderer Weise zu dienen: »So laßt uns nun, wo wir Gelegenheit haben, an allen Gutes tun, besonders aber an den Hausgenossen des Glaubens« (Galater 6,10).

Das Chaos in meiner Gemeindefamilie spiegelt schlicht das Chaos in meinem Herzen. Wenn Gott mein Herz und das der Menschen in meiner Gemeinde verändert, dann sollten wir einen Unterschied erkennen. Suche ich in meiner Gemeinde nach Anzeichen für Gottes Gnade, die Herzen verändert? Wenn die Gnade Herzen in den Griff bekommt, sehen wir schon bald eine Veränderung. In einer Gemeinde kamen einige Gläubige nicht zum Abendmahl, weil sie sich nicht »gut genug« fühlten, um daran teilzunehmen. Als aber ihr Verständnis von der Gnade wuchs, vertrauten sie stärker auf den Herrn anstatt auf sich selbst und konnten daraufhin auch zum Abendmahl kommen, um durch die Elemente ermutigt zu werden, die Jesus selbst uns gab.

Die Geschichte der Gemeinde ist eine große Erzählung von der Versorgung Gottes. Über die Zeitalter beruft Gott seine Menschen aus dem Chaos heraus. Auseinandersetzungen und Meinungsverschiedenheiten führten dazu, dass das Evangelium verbreitet wurde. Verfolgung führte zu Bekehrungen. Die Verhaftung von Paulus und Silas und das darauf folgende Erdbeben brachten dem Kerkermeister in Philippi und seinem ganzen Haus die Errettung (Apostelgeschichte 16). Auch wenn unsere Gemeindefamilie chaotisch ist, können wir uns sicher sein, dass der Herr derselbe Gott ist, der die Dinge ändert: »Denn Gott, der dem Licht gebot, aus der Finsternis hervorzuleuchten, er hat es auch in unseren Herzen licht werden lassen, damit wir erleuchtet werden mit der Erkenntnis der Herrlichkeit Gottes im Angesicht Jesu Christi« (2. Korinther 4,6).

Wenn Gott mein Herz verändern kann, kann er auch in meiner Gemeinde Herzen ändern. Ich möchte danach streben, meinen Beitrag zum Chaos so gering wie möglich zu halten, denn der Herr lässt es in meinem Herzen licht werden. Deshalb kann ich Gottes Menschen Gutes tun, während wir miteinander durch seinen Geist zusammenwachsen zu einem heiligen Tempel, einem Haus Gottes.

Top-Tipps: Kinder in der Gemeinde

1. **Sonntagsschule:** Durcheinander im Dienstplan für die Sonntagsschule ist mindestens einmal pro Halbjahr obligatorisch. Es ist etwas einfacher, wenn jeder glaubt, an der Reihe zu sein, als wenn niemand davon ausgeht. Teilnehmerzahlen, die von drei bis dreißig (bei einem Taufgottesdienst) variieren können, stellen sicher, dass die Lehrer auf Trab gehalten werden. Entweder gibt es nicht genügend Bastelmaterialien oder viel zu viele, die schließlich als Feueranzünder im Pfarrhaus verwendet werden.

2. **Erfrischungen:** Es ist das Beste, allen ähnliche Kekse anzubieten, die Kinder werden ohnehin versuchen, die mit Schokolade zu stibitzen. Machen Sie es nicht so wie eine Gemeinde, in der wir zu Gast waren. Dort wurden die edlen Kekse nur an einem Tisch angeboten, weit entfernt von der Tür, durch die die Kinder aus der Sonntagsschule kamen. Am anderen Tisch gab es nur »Rich Tea Fingers«. Nicht gerade einladend. Lernen Sie, die Krümel auf dem Teppich entspannt zu sehen. Dafür gibt es den Gemeindestaubsauger.

3. **Musik:** Kinderlieder sind beliebt bei allen 0-10- und 20-100-Jährigen. Alle dazwischen werden etwas gequält aussehen. Ignorieren Sie das und machen Sie alle Bewegungen mit. Wenn Sie Rhythmusgeräte und Tamburine ausgeben, werden auch die Erwachsenen sie spielen wollen. Achten Sie also darauf, dass genügend zum Herumgeben da sind.

4. **Verloren gegangenes Eigentum:** Sämtliche Kinder vergessen in den meisten Fällen ihre Bastelarbeiten aus der Sonntagsschule sowie ihre Lieblingsmütze in der Gemeinde. An die Bastelarbeit werden sie sich später

nicht mehr erinnern, diese kann daher einfach entsorgt werden. Die Mützen sollten Sie allerdings aufbewahren. Sie können Sie neben den Lesebrillen auf dem Regal unterbringen.

5. **Unordentliche Gemeinde:** Ein brillantes Gottesdienst-Format für jede Altersgruppe. Schauen Sie auf dieser Webseite vorbei, um mehr zu erfahren: www. messychurch.org.uk. Nicht zu verwechseln mit »normaler Gemeinde«, die natürlich *niemals* chaotisch ist. Oh nein.

6. UNORDENTLICHE GEMEINSCHAFT

»Sie sind die Frau des neuen Pastors, oder?«

Ich nickte nervös. Wir waren gerade umgezogen. In eine neue Gegend. Mit einem neuen Schultor. Am alten Schultor hatte ich meine Kinder abgesetzt und meine Freunde getroffen. Wir hatten geredet und gelacht, bis wir von Lehrern hinausgeworfen wurden, die mit dem Unterricht beginnen wollten. Am neuen Schultor hielt ich mich an meinen Kindern fest, in der Hoffnung, von ihnen etwas Trost und Sicherheit zu bekommen. Am neuen Tor kannte ich niemanden. Aber einige der anderen kannten mich bereits.

Eine Mutter kam auf mich zu, um sich, wie oben beschrieben, zu vergewissern, dass ich tatsächlich die Frau des neuen Pastors war. Dann erzählte sie mir ein wenig aus ihrem sozialen Leben: »Gestern Abend waren wir in einem Striplokal, aber ich war so betrunken, dass ich eingeschlafen bin und alles verpasst habe.«

Ich war mir nicht sicher, was genau sie von mir erwartete, deshalb antwortete ich: »Klingt nach einem ziemlich kostspieligen Nickerchen.«

Sie ging zurück zu ihrer Clique. Ich war nicht sicher, ob ich das Richtige gesagt hatte, aber es kann nicht so schlecht gewesen sein, denn diese Mutter wurde später meine Freundin. Ich muss allerdings zugeben, dass es ein ziemlich beunruhigender Start in meiner neuen Umgebung war.

Wie sieht Ihr Umfeld aus? Wurden Sie mit offenen Armen

empfangen, als Sie dort hinzogen? Oder haben Sie möglicherweise schon immer dort gelebt? Kennt Sie dort jeder oder kaum jemand? Wie denken Sie über Ihre Nachbarn? Unser Gemeindeleitbild formuliert unter anderem das Ziel, die »Menschen [in West Bromwich] zu segnen, indem wir das Evangelium Jesu Christi hören, empfangen und fröhlich gemeinsam leben«.

Die Menschen um uns herum zu segnen, ist ein Teil dessen, wozu wir als Christen berufen sind. Letztendlich segnen wir sie, indem wir das Evangelium Jesu Christi mit ihnen teilen. Sicher ist Ihnen aufgefallen, dass es hier indirekt um das Evangelisieren geht. Diese furchteinflößende Angelegenheit, die Christen wegen des Peinlichkeitsfaktors meistens meiden. Sie wissen schon: über Jesus sprechen. Und das ist nicht nur peinlich, es kann auch chaotisch werden, weil jede Gemeinschaft aus chaotischen Menschen besteht. Deshalb können Christen, die eigentlich Segen bringen sollten, so viel Durcheinander anrichten. Das Gute ist, dass Gott derjenige ist, der uns beruft, um uns zu Jüngern zu machen. Seine Gnade ist verfügbar und seine Versorgung bereits in Aktion.

WAS IST GEMEINSCHAFT?

Es gibt viele zutreffende wissenschaftliche Definitionen von Gemeinschaft. Aber da diese von »lokales Umfeld« über »Onlinespiel-Community« bis hin zu »Panjabi-Gemeinschaft« reichen, können wir vermutlich nur als gesichert betrachten, dass eine Gemeinschaft eine Gruppe von Menschen ist, die auf irgendeine Weise miteinander verbunden sind. Diese Verbindungen können sich durch viele Aspekte des Lebens ziehen: Arbeit, Herkunftsland, Sprache, soziale Aktivitäten, Schule und so weiter. Die meisten Menschen gehören mehr als einer Gemeinschaft an, wobei diese sich zunehmend online bilden.

Die Zugehörigkeit zu den meisten meiner Gemeinschaften mag ein Stück weit meine eigene Wahl sein, weil ich mich beispielsweise entschieden habe, wo ich leben, arbeiten oder meine Kinder zur Schule schicken möchte, oder weil ich mich einer bestimmten Laufgruppe oder einem Chor angeschlossen habe. Aber in fast jeder Gemeinschaft, der ich angehöre, gibt es Menschen, mit denen ich nicht aufgrund meiner eigenen Entscheidung verbunden bin – und mit denen ich mich auch nicht verbunden hätte, wenn ich das vorher gewusst hätte. Wenn ich an einem Ort lebe, bin ich naturgemäß Teil eines lokalen Umfelds. Ich habe mir vielleicht ausgesucht, in dieser Gegend zu leben, aber ich habe mich nicht für alle meine Nachbarn entschieden. Auf ähnliche Weise hatte ich vielleicht unterschiedliche Stellenangebote zur Auswahl, aber ich habe mir nicht ausgesucht, wer am Schreibtisch neben mir sitzt. Oder ich habe mir sehr gründlich sämtliche Grundschulen in der Nähe angesehen und doch habe ich im Grunde keine Ahnung, wem ich am Schultor über den Weg laufen werde. Die anderen Läufer in meiner Gruppe oder die Tenöre im Chor können lustig, sympathisch und eine nette Gesellschaft sein oder aber sie sind die Ursache von Unruhe, Angst und Stress.

Als Christen und Gemeinden (die in sich ja auch Gemeinschaften sind) sind wir dazu berufen, andere zu segnen und das Evangelium in unsere erweiterten Gemeinschaften zu bringen. Wir müssen also darüber nachdenken, wie wir dies am besten zustandebringen, da Gemeinschaften ein solches Durcheinander sind – und genau so auch unser Segnen und Bringen. Eine Gemeinde kann zum Beispiel denen, die weiter am Rand ihrer Gemeinschaften stehen, ein funktionierendes Miteinander vorleben. Auch einzelne Christen oder

Familien können das tun – durch Interaktion mit unserer erweiterten Gemeinschaft bauen wir Beziehungen auf, in denen wir Christus bekanntmachen können.

Unsere Stadt ist ziemlich klein, obwohl sie zu einem großen Ballungsraum gehört. Nur wenige Anwohner besitzen ein Auto. In unserer Gemeinde haben auch nur wenige Menschen eine Arbeitsstelle, da die meisten sich bereits im Ruhestand befinden. Diejenigen, die arbeiten, haben Kollegen, die ebenfalls stark in ihre Ortschaft eingebunden sind. Ähnlich sieht es bei denen aus, die Mitglieder in einem Verein sind: Die Anbindung an das lokale Umfeld ist stark und nur wenige Menschen fahren größere Strecken. Wir als Gemeinde versuchen daher, unsere Evangelisation und unsere lokalen Aktivitäten an die Menschen vor Ort anzupassen. Unsere Gemeinschaft ist größtenteils über die geografische Nähe miteinander verbunden, was der Grund für unser auf die Menschen der Umgebung zugeschnittenes Leitbild ist. Familienspaßtage und »Beetle Drive«[4]-Runden sind bei uns sehr beliebt und eine großartige Gelegenheit, Beziehungen aufzubauen und unseren Nachbarn zu begegnen.

Ich war schon in Gemeinden, in denen es ganz anders war. Dort bestand die Gemeinschaft aus Arbeitskollegen, Studenten, Auswanderern oder auf andere Weise miteinander vernetzten Menschen. Ein Fish-and-Chips-Abendessen mit einer Runde »Beetle Drive« mag nicht für jeden Ort das beste Angebot sein, aber die Gute Nachricht darüber, dass Gott unser Chaos auf sich genommen hat, bleibt immer die gleiche.

---

4 [Ein britisches Partyspiel, bei dem man würfelt und dann je nach Augenzahl bestimmte Körperteile eines Käfers auf sein Blatt zeichnet. – Anm. d. Übers.]

Unordentliches Licht

Das Chaos in meinem Umfeld ist leicht zu erkennen. Das materielle Durcheinander findet sich unter anderem im Müll der Gemeinde. Vor ein paar Monaten brachten beispielsweise ein paar Kinder alte Autoreifen, kaputtes Plastikspielzeug und große Holzbalken mit, die sie in einem Müllwagen gefunden hatten. Damit wollten sie eine Art Schrottparty veranstalten. Beziehungsmäßiges Chaos erleben wir etwa in Streitigkeiten unserer Nachbarn, die vor allem in den Sommermonaten bis nach draußen auf die Straße dringen können. Vor Kurzem kam ein Nachbar an unsere Tür und bat um Hilfe beim Umzug. Er trug ein Tablett mit seinem Tee und einem (nur zufällig) noch ungeöffneten Milchreis bei sich. Offenbar hatte es Streit gegeben und er war an einem kühlen Vorfrühlingsabend während des Essens aus dem Haus geworfen worden.

Es gibt Orte, an denen materielles Chaos sehr schnell aufgeräumt wird und zerbrochene Beziehungen hinter großen Toren und langen Auffahrten oder einem glamourösen Lebensstil verborgen sind. In bestimmten Umgebungen sehen wir das Chaos in Beziehungen nur dann, wenn eine Familie auseinanderbricht. Aber es ist immer da. Auch hinter den Vorhängen der fantastischsten Häuser. Wir müssen nur die Schlagzeilen der Boulevardzeitungen lesen, um zu erkennen, dass das Chaos in Beziehungen sich nicht um Reichtum und Privilegien schert.

Jesus sagte seinen Nachfolgern, dass sie das Licht in einer dunklen Welt sein sollen:

Ihr seid das Licht der Welt. Es kann eine Stadt, die auf einem Berg liegt, nicht verborgen bleiben. Man zündet auch nicht ein Licht an und setzt es unter den Scheffel, sondern auf den Leuchter; so leuchtet es allen, die im Haus sind. So soll euer Licht leuchten vor den Leuten, daß sie eure guten Werke sehen und euren Vater im Himmel preisen.

(Matthäus 5,14–16)

Wie sollen wir der Welt leuchten, wenn unser Licht von Körben voll Arbeit, Familie, Gemeindeleben und großen Erwartungen verdeckt ist? Ist Jesus nicht mehr zu erkennen, weil ich mich so gerne anpassen möchte? Spare ich mein Licht auf für den Missionseinsatz im nächsten Jahr, wenn ich bei der Frauenversammlung mithelfe? Muss ich eventuell ein paar Löcher in meine Körbe schneiden? Brauche ich Hilfe, um dabei auf die Füße zu kommen?

Wenn ich in meinem Umfeld Gutes tue, wie Babysitten für meinen Nachbarn, ein Wohnzimmer streichen, jemanden aus dem Chor nach Hause fahren, mich freiwillig als Besetzung für den Verkaufsstand bei der Schulparty melden oder einem Kollegen helfen, der bei einem Projekt meine Unterstützung braucht, sollten die Menschen nicht glauben, dass ich das tue, weil ich ein netter Mensch bin. Denn dann habe ich einen Korb benutzt. Jesus beruft mich, diese guten Taten zu tun, damit die Menschen *Gott* die Ehre geben. Das werden sie nicht tun, wenn sie keine Ahnung davon haben, was mich zu meinen guten Taten motiviert. Deshalb muss ich den Namen Jesus so früh wie möglich in meine Beziehungen einbringen. Nicht auf seltsame Art natürlich, aber es sollte bekannt sein, dass ich an ihn glaube.

> Wie sollen wir der Welt leuchten, wenn unser Licht von Körben voll Arbeit, Familie, Gemeindeleben und großen Erwartungen verdeckt ist?

Ich habe den Vorteil, in meinem Umfeld als Christin bekannt zu sein. Aufgrund des Berufes meines Mannes wird mein Glaube einfach vorausgesetzt – was nicht unbedingt eine weise Schlussfolgerung sein muss. Aber es hat zur Folge, dass Gott einen Teil der Ehre bekommt, wenn ich etwas zum Wohl der Allgemeinheit tue. Es bedeutet allerdings auch, dass kein besonders gutes Licht auf Gott fällt, wenn ich es vermassele. Beides ist ein Anreiz, die Dinge gut zu machen, und gleichzeitig eine Versuchung, in Deckung zu bleiben, wenn ich alles durcheinander bringe, was mir so oft passiert. Ich bin eine Heilige – und auch eine Sünderin. Deshalb ist es wichtig, dass die Menschen nicht glauben, dass ich niemals etwas falsch mache. In meinen Beziehungen sollte ich Gnade vorleben. Dann ist dieses Konzept meinen Mitmenschen nicht fremd, wenn ich sie um Vergebung bitten muss, was sehr wahrscheinlich irgendwann der Fall sein wird. Manchmal wird mein Licht von meiner Sünde verdeckt, aber die Suche nach Vergebung und Versöhnung hebt den Korb, der es verdeckt hat, wieder an.

In Beziehungen, die wir gar nicht haben, können wir kein Durcheinander anrichten. Manchmal haben wir nicht viel Zeit, um Leute kennenzulernen. Eine Freundin von mir arbeitet Vollzeit in einer Gemeinde. In ihrer Freizeit nimmt sie einmal wöchentlich an einem Abendkurs teil und ist Mitglied im Sportverein, weil sie niemanden außer den Leuten in ihrer Gemeinde kannte. Durch diese Aktivitäten hat sie neue Freunde kennengelernt und wurde Teil einer Gemeinschaft außerhalb der Gemeindefamilie, in die sie nun das Licht Christi hineinbringen kann.

Jeder Christ ist von Jesus bevollmächtigt und hat Anteil an der Aufgabe, die dieser seinen Aposteln erteilte: »So geht nun hin und macht zu Jüngern alle Völker, und tauft sie auf den Namen des Vaters und des Sohnes und des Heiligen Geistes« (Matthäus 28,19). Wie bereits erwähnt, gibt es in unserer Gemeinde Menschen unterschiedlichster Nationalitäten.

Die letzte Zählung aus dem Kindergottesdienst ergab, dass zu Hause in den Familien sechsundzwanzig unterschiedliche Sprachen gesprochen werden. In unserer Gegend ziehen ständig Leute ein und aus. Was für eine großartige Gelegenheit! Wir müssen nicht zu den Völkern gehen, um sie zu Jüngern zu machen. Die Wohngegenden Großbritanniens, insbesondere die städtischen, werden zunehmend multikulturell. Das bedeutet, dass Christen zunehmend dafür ausgerüstet sein müssen, sich kulturübergreifend nach den Menschen auszustrecken – und damit rechnen sollten, dass durch all die kulturellen Fehltritte, die unweigerlich passieren werden, das Durcheinander noch größer wird.

Da ich selbst einmal ausgewandert bin, weiß ich, dass eine Einladung zu jemandem nach Hause der beste Weg ist, einen Menschen aus einer fremden Kultur willkommen zu heißen. In Malaysia und Singapur gibt es den großartigen Brauch, alle Menschen, die man kennt, zu festlichen Anlässen zu sich nach Hause einzuladen. Im Pfarrhaus halten wir ab und zu an Sonntagnachmittagen ein »Offenes Haus« ab. Tee und Kuchen kann man ganz einfach servieren und es wird nicht zu viel Abwasch produziert. Nicht einmal das Backen muss man selbst übernehmen. Und es ist eine großartige Art, Menschen aus der Gemeinde oder aus deren Peripherie und Nachbarn miteinander bekanntzumachen. Eine meiner Freundinnen wohnt in einer gehobeneren Gegend. Nach ihrem »Offenen Haus« dankten ihr Nachbarn, die an Einladungen mit bezahltem Personal und extravaganten Speisen gewöhnt waren, für die entspannte Atmosphäre. Bei jemandem zu Hause zu sein, fühlt sich an, wie in der Familie willkommen zu sein. Wir spiegeln Gottes Einladung in seine Familie, wenn wir unser Haus für andere öffnen.

Es hat großartige Vorteile, länger in einer Gemeinschaft zu sein. Mir gefällt es, dass wir jetzt schon seit vier Jahren hier leben. Das bedeutet, dass ich nicht jedem, dem ich zum ersten Mal begegne, das Evangelium erklären muss. Natürlich kann eine erste Begegnung immer auch eine gute Gelegenheit sein, das Evangelium klar und kurz gefasst weiterzusagen. Aber im tagtäglichen stückweisen Wachsen von Beziehungen kann es auch allmählich, Stück für Stück, dazukommen. Mein Mann beleuchtet gerne Situationen, die gerade besprochen werden, mit Hilfe einer biblischen Geschichte. Er nennt das ein »Evangeliums-Häppchen«. Jemand, der Geldsorgen hat, sollte wissen, dass Gott für ihn sorgt. Matthäus 6,25–34 könnte für einen solchen Menschen eine Ermutigung sein. Oder wenn wir über Gefühle von Unzufriedenheit sprechen, könnten wir davon erzählen, wie Paulus lernte, in allem zufrieden zu sein (Philipper 4). Wenn wir Gottes Wort in unserem eigenen Leben anwenden, können wir »Evangeliums-Häppchen« darüber weitergeben, wie wir mit Schwierigkeiten fertiggeworden sind oder wie Gott uns verändert hat. Wenn Sie an unserem Esstisch sitzen, sehen sie ein Blatt Papier, dass unsere Familie daran erinnert, wie wir gut miteinander leben können. Der erste Vers darauf lautet: »Ist es möglich, soviel an euch liegt, so haltet mit allen Menschen Frieden« (Römer 12,18). Ein guter Diskussionsanfang für alle, die an unserem Tisch essen, der uns daran erinnert, dass wir alle im Umgang miteinander Gnade brauchen.

GNADE FÜR UNSERE GEMEINSCHAFT

Jede Gemeinschaft, zu der ich gehöre, ist ein Durcheinander. Ich wohne in einer bestimmten Gegend einer Stadt; ich habe Kinder, die zur Schule gehen; ich twittere und habe einen Facebook-Account; ich bin Schulvorstandsmitglied und Bibliotheksnutzerin; Bloggerin und Frau eines Pastors. Bisher habe ich irgendwann in jeder Gemeinschaft, zu der ich gehörte, Versagen, Probleme, Missverständnisse und Sünde erlebt. Die Sünde überrascht mich nicht, denn jedes einzelne Mitglied dieser Gruppen ist ein Sünder, ein Mensch, der Gottes Gnade braucht.

Als Mutter von Grundschulkindern bin ich der Ansicht, dass Schultore eine Brutstätte von Unsicherheiten und Spannungen sind. Dort erinnern sich die Menschen an ihre eigene Schulzeit und unangenehme Dinge wie Tadel durch die Lehrer. Manchmal fangen Schultormütter Streit mit mir oder untereinander an, manchmal mit Lehrern oder ihren Kindern. Ich habe ein paar Streitereien recht spektakulär in Handgreiflichkeiten oder Schreiwettkämpfe ausarten sehen, und das nicht nur am Schultor. An anderen Schultoren mag das Chaos etwas subtiler in Erscheinung treten: Jemand antwortet nicht auf Ihre SMS, Ihre Kinder bekommen als einzige keine Geburtstagseinladung, es gibt eine unterschwellige kühle Distanz. Aber jede Gemeinschaft braucht Gnade und die Menschen müssen diese Gnade vorleben. Wenn wir als Christen Gottes Gnade kennen, wer wäre dann besser als Vorbild für Vergebung und Hilfsbereitschaft geeignet?

In einigen Gemeinschaften können Streitereien über Jahre anhalten, manchmal überspannen sie sogar mehrere Generationen. Freunde von uns leben in einem ehemaligen Bergwerksdorf. An einem Sonntag kam ein Mann in die Gemeinde und fragte, ob der Pastor in der darauf folgenden Woche eine Beerdigung halten würde. Sein Vater war gestorben und seine Geschwister hatten ihm nichts davon gesagt, weil er einmal den Streik gebrochen hatte. Dieser Streik lag fünfundzwanzig Jahre zurück und die Familie war seit mehr als einem Vierteljahrhundert von Bitterkeit beherrscht. Eine solche Gemeinschaft braucht das Einwirken der Gnade Gottes. Ich bin froh, dass meine Freunde dort sind, um den

Menschen von Jesus zu erzählen und Gottes Gnade anzubieten, die uns die Kraft schenken kann, das Richtige zu tun.

Viele in meiner Gegend kennen den obdachlosen Mann, der während der letzten vier Jahre immer wieder vor unserer Haustür gelebt hat, unterbrochen von einigen Gefängnisaufenthalten und Zeiten, in denen er ein Dach über dem Kopf hatte. Seine Gegenwart hatte oft Unordnung in unser Zuhause gebracht: Seine Rückkehr kündigten normalerweise weggeworfene Chipspackungen und Ciderflaschen im Blumenbeet an, bevor wir ihn von Angesicht zu Angesicht zu sehen bekamen. Seine Angewohnheit, morgens um 6 Uhr laut vor der Haustür zu singen, ließ die Stimmung im Pfarrhaus ebenfalls ein wenig kampflustig werden. Kein Bewohner des Pfarrhauses ist ein Frühaufsteher. Wir machten uns auch Sorgen um ihn wegen seiner angegriffenen Gesundheit und weil es ihm offensichtlich nicht möglich war, sich in einer Unterkunft einzuleben.

Manchmal verloren wir die Geduld mit ihm, aber normalerweise ist ein guter Teil der Gemeinde in der Lage, ihm Gnade zu erweisen, wenn er in den Gottesdienst kommt, was er oft tut. Sie sprechen mit ihm, geben ihm Essen oder machen ihm seine Fertignudeln warm. Betrunkene Ausbrüche und unhöfliches Verhalten werden ihm vergeben. Er ist geliebt. Und auf diese Weise ist die Unordnung vor unserer Haustür ein Mittel, durch das sich Gottes Gnade zeigt. In unserer Familie, unserer Gemeinde und in unserer Nachbarschaft. Nicht dass wir uns über das Rufen am frühen Morgen freuen würden, Sie wissen schon, aber wir sehen Gottes Gnade in uns und in unserem Freund vor unserer Haustür wirken.

VERSORGUNG IN DER GEMEINSCHAFT

In unserem Kirchhof gibt es einen kleinen Spielplatz. Er wurde gebaut, um den Familien Gutes zu tun, die in der Umgebung der Kirche wohnen, insbesondere denjenigen, die zu unserer Kleinkindergruppe kommen. Viele Familien freuen sich an dem Spielplatz. Allerdings hat er auch andere Kinder angezogen. Es ist wunderbar, im Sommer so viele Kinder draußen auf den Beinen zu sehen, aber sie kommen meistens in Begleitung Erwachsener und sobald etwa acht oder mehr Kinder im Grundschulalter oder älter mit erwachsener Begleitung zusammen sind, weiß ich im Voraus, dass es irgendein Problem geben wird. Manchmal reicht es schon aus, dass etwas Süßigkeitenpapier auf den Boden fallen gelassen wurde. Der Rasen im Kirchhof sieht zudem durch die dort stattfindenden enthusiastischen Fußballspiele reichlich mitgenommen aus. Wenn wir an den Sommerabenden im Wohnzimmer sitzen, hören wir oft das schrille Kreischen in den höchsten Tönen, von dem wir alle Kopfschmerzen bekommen. Einmal gab es sogar ein kleines Feuer, was die sofortige Aufmerksamkeit eines Erwachsenen erforderte.

Das Segnen der Familien durch die Spielgeräte hat einiges an Chaos mit sich gebracht. Aber dieses Durcheinander bringt uns auch mehr Möglichkeiten, unsere Nachbarn mit dem Evangelium zu segnen. Wenn junge Leute abends oder an einem Sonntagnachmittag Lärm im Kirchhof machen, geht mein Mann oft nach draußen, um mit ihnen über die ewigen Dinge zu sprechen. Wir haben uns überlegt, dass sie gesegnet werden, wenn sie zuhören, und es ebenfalls ein Segen ist, wenn sie genug haben und nach Hause gehen! Als er einmal nach draußen ging, um ein bisschen mit den lärmenden Teenagern zu reden, fragten sie ihn geradeheraus: »Sie reden jetzt nicht wieder mit uns über die Hölle, oder?«

Einige dieser Teenager waren vor Kurzem bei einem Kurs über die Grundlagen des christlichen Glaubens dabei. Sie sind vielleicht noch nicht bei Jesus angekommen, aber näher dran, als sie zuvor waren, und das Chaos des Spielplatzes war ein Teil dieser wichtigen Entwicklung.

Ein Pastor, den wir kennen, trat offiziell seine neue Stelle an. Beim festlichen Einführungsgottesdienst waren der Bischof, der örtliche Parlamentsabgeordnete, der Geistliche der Stadt, Gemeindemitglieder und viele andere Besucher anwesend. Gegen Ende der Zeremonie sollte der neue Pastor sprechen. Doch plötzlich gab es eine Unterbrechung: Aus dem hinteren Teil der Kirche hörte man das klirrende Geräusch zerbrechender Fenster, und auf die gut gekleideten, hochhackigen Besucher regnete es Glasscherben.

Die Teenie-Jungs, die die Steine geworfen hatten, wurden schnell von der Polizei geschnappt. Der Bischof sprach mit ihnen und ebenso ihr Schulleiter, der zufällig auch im Gottesdienst gewesen war. Weil die Jungs das Fenster eingeworfen hatten, konnte der neue Pastor ihre Familien besuchen, und eine Mutter begann daraufhin, in die Gottesdienste zu kommen. Der Pastor konnte eine weitere Familie unterstützen, deren Sohn vor Gericht erscheinen musste. Ein Chaos war angerichtet worden, aber durch Gottes Versorgung wurde gleichzeitig auch Raum geschaffen, in dem Menschen von Jesus hören konnten.

Wir sind im Monat Februar ins Pfarrhaus eingezogen. Gerade als wir uns an die neue Umgebung gewöhnt hatten, wurde das Wetter wärmer. Während dieser Eingewöhnungszeit wurde uns allmählich bewusst, dass der Kirchhof einige etwas dubiose Gestalten beherbergte. Es ist nur ein kleiner Garten, der an drei Seiten an Straßen grenzt, aber wir sahen dort zwielichtige Leute, die sich meistens nachmittags herumdrückten, wenn ich mich auf den Weg machte, um die

Kinder von der Schule abzuholen. Mit der Zeit erkannten wir das Auto, mit dem diese kränklich aussehenden Leute immer auftauchten, und wir beobachteten dubiose Typen, die mit Motorrädern bei ihnen anhielten. Natürlich. Sie waren die örtlichen Drogendealer, die ihren Geschäften nachgingen. Mitten im Herzen unseres Ortes.

Im Laufe der folgenden Monate lernte ich die für uns zuständigen Polizeibeamten besser kennen, als es normalerweise wohl der Fall gewesen wäre. Wir haben dreimal den Notruf 999 angerufen und das nicht nur, weil ein Kleinkind mein Handy in die Finger bekommen hatte. Mit einem in den Drogenhandel verstrickten Pärchen geriet ich einmal sogar in Streit, als ich meine Tochter von einer Nachmittagsveranstaltung der Schule abholte.

Als ich die Polizei genauer informierte und andere ermutigte, dasselbe zu tun, waren die Beamten schließlich bereit, gegenüber dem Kirchhof eine Überwachungskamera zu installieren. Die Aktivitäten der Dealer hörten allmählich auf. Ich bin mir sicher, dass immer noch Drogen in der Gegend im Umlauf sind. Kürzlich entdeckte mein Mann ein kleines Versteck, als er mit der Jugendgruppe einen Geocache suchte (eine versteckte »Schatzkiste«, die mit einem Navi oder GPS gefunden werden muss), aber wir sehen die Dealer nicht mehr oft in unserer Gegend.

Wo war in all dem Gottes Versorgung? Sie zeigte sich in der Entwicklung guter Beziehungen mit unseren Nachbarn. Als ich meinen kleinen Krieg begann und die Dealer meldete, lernte ich meine Nachbarn kennen. Gemeinsam verfolgten wir ein Ziel für unsere Gemeinschaft und vertieften dadurch unsere Beziehungen, die auch nachdem die Drogendealer weg waren noch Bestand hatten. Das Aufbauen von Freundschaften durch Termine, Personenbeschreibungen und Nummernschilder führte zu einem Austausch über das Evangelium. Ich kann im Rückblick nicht mit Sicherheit sagen, dass das Abenteuer mit den Drogendealern zur Errettung einer Person geführt hat, aber durch Gottes Versorgung rückten in dieser Zeit die Nachfolger Gottes enger zusammen und nachbarschaftliche Beziehungen wurden stärker miteinander verflochten.

Manchmal können wir nicht erkennen, dass Gottes Versorgung im Durcheinander unserer Gemeinschaft wirkt. Es kommt vor, dass zerbrochene Beziehungen zerbrochen bleiben und die Menschen unsere Botschaft der Hoffnung ablehnen. Aber Gott ist immer noch derselbe und seine Verheißungen bleiben wahr. Er wirkt in allen Dingen das Gute für die Menschen, die zu ihm gehören. Deshalb kann ich ihm im Chaos danken und ihm vertrauen.

Top-Tipps: Spaß in der Gemeinschaft

1. **Kuchen & Quatschen:** In viele Gemeinden gibt es Kleinkindgruppen, was großartig ist. Sobald eine Mutter allerdings keine Kleinkinder mehr hat, aber immer noch zu Hause ist, tut sich eine Lücke im Kalender der sozialen Aktivitäten auf. Kuchen & Quatschen ist unser Morgenkaffee, zu dem wir unsere Schultorbekannten eingeladen haben. Es kommen auch einige Kleinkinder, aber der Tisch ist für Erwachsene bestimmt. Wir stellen Spielzeug bereit, aber die Betonung liegt auf den Müttern und anderen Gästen. Es gibt selbstgebackenen Kuchen, wir basteln Karten oder andere Dinge und manchmal gibt es eine sehr kurze Gesprächsrunde oder wir hören Zeugnisse. Alles, was man dazu braucht, ist ein Gemeindesaal, ein paar Spielzeuge und jemanden,

der backt. Die Bäckerin muss nicht einmal zur Gruppe kommen. In einer Gemeinde, in der ich zu Besuch war, backte eine freundliche Dame, die nicht viel aus dem Haus gehen konnte, ihre Kuchen im Voraus und fror sie ein. Wenn Ihnen in Ihrer Gemeinde mehr als ein Raum zur Verfügung steht, gibt es die Möglichkeit, parallel zum Kaffee ein kleines Bibelstudium zu organisieren. Unseres nennt sich »Bibelhappen«. Es dauert nur eine halbe Stunde. Diejenigen von uns, die nicht daran teilnehmen, bilden in der Zeit eine Art informelle Krippe, was bedeutet, dass wir auf die Kinder der Teilnehmerinnen aufpassen. Jedes Bibelstudium ist weitestgehend in sich abgeschlossen, es ist also nicht entscheidend, wie regelmäßig die Teilnehmerinnen dabei sind. Jeder Happen des Wortes wird sie auferbauen. Wenn also nicht viele da sind oder wir während der Bibelhappenzeit gerade reden, lassen wir einfach eine Woche ausfallen. Diese Arbeit baut sich allmählich auf. Wir nutzen die Momente, die da sind, und vertrauen Gott.

2. **Do-it-yourself-Ferienclub:** Unsere Gemeinde ist relativ klein. Eine Gruppe für gemeinsame Ferienaktivitäten anzubieten, wäre zwar möglich, aber auch eine sehr große Verpflichtung. Da sich die Kuchen & Quatschen-Gruppe gerne auch in den Ferien treffen möchte, organisieren wir meistens Aktivitäten für die älteren Kinder und manchmal auch ein wenig Bibelstudium. Das Bibelstudium ist nicht so intensiv, wie es in einem Club mit vielen Helfern sein könnte, aber es ist schnell und einfach organisiert und das Evangelium wird bei Kaffee und Kuchen weitergegeben.

3. **Aufräumen:** Fast jede Gemeinde veranstaltet Einsätze für praktische Arbeit. Den Garten in Ordnung zu

bringen, kann eine Veranstaltung sein, die Spaß macht. Sie werden überrascht sein, wie viele Kinder erscheinen und mit der Baumschere an die Reihe kommen möchten. Das funktioniert am besten, wenn Ihre Gemeinde sich an einem Ort befindet, an dem vorbeigehende Menschen sehen, was Sie tun, und mitmachen können.

4. **Event-Stibitzen:** Ostern, Weihnachten, Halloween, ein Jubiläum oder Olympische Spiele? Tun Sie etwas – irgendetwas – und bringen Sie die Menschen zusammen.

5. **Beziehungen aufbauen:** Nehmen Sie Kontakt zu Menschen aus Ihrer Umgebung auf, mit denen Sie regelmäßig sprechen können. Grüßen Sie die Menschen an Ihrer Bushaltestelle. Gehen Sie in die Geschäfte um die Ecke. Mein Mann und meine Tochter haben in einem Supermarkt in der Nähe eine Dame kennengelernt, weil sie dort jede Woche zur selben Zeit hingehen. Lassen Sie sich immer bei demselben Friseur in Ihrer Nähe die Haare schneiden. Ich kannte vier Männer, die zusammen in einem Haus wohnten. Sie alle gingen zu demselben Friseur. Dieser Mann hatte so gut wie jede Woche jemanden auf seinem Stuhl sitzen, der ihm von Jesus erzählte.

7. UNORDENTLICHE MAHLZEITEN

Beschlagene Fenster in einer warmen, dunstigen Küche. Ein verlockender Duft nach gebratenem Huhn mit einem Hauch von Limone, Knoblauch und Lorbeer. Auf der Arbeitsplatte stehen ein Glas Sherry und ein paar Erdnüsse, am Feuer spielen Kinder fröhlich eine Runde Cluedo. Die Ehefrau eines Pastors schneidet hektisch Karotten und versucht einzuschätzen, ob die Kartoffeln in der Bratpfanne auch für die Gäste, die sie zusätzlich zum Mittagessen eingeladen hat, reichen werden. Plötzlich bricht unter den Kindern ein Streit über die Frage aus, wer wen im Billardzimmer ermordet hat. Der Sherry wird umgestoßen; die Gäste läuten an der Haustür; das Telefon klingelt; eine dramatische Krise in der Gemeinde erfordert die sofortige Aufmerksamkeit des Pastors und die Katze miaut, um zu signalisieren, dass ihr Napf leer ist. Willkommen im Pfarrhaus an einem Sonntag gegen zwei Uhr nachmittags. Werden wir vor drei Uhr essen? Normalerweise lautet die Antwort »Ja«, wenn man von einer halben Stunde mehr oder weniger und ein paar angebrannten Bratkartoffeln absieht.

Auf unsere chaotische Art ist das sonntägliche Mittagessen ein fester Termin in der Familien- und Gemeinderoutine. Die meisten Gemeindemitglieder waren irgendwann schon einmal zum Essen bei uns. In unserem ersten Jahr in der Gemeinde waren wir dabei etwas organisierter – was soweit ging, dass wir das Mitgliederverzeichnis der Gemeinde durchgingen –, jetzt sind wir darauf wesentlich weniger fokussiert und laden unsere Gäste oft spontan am Sonntagmorgen nach dem Gottesdienst ein. Eine gemeinsame Mahlzeit, bei der man sich um den Tisch versammelt, um zu reden und zu essen, ist ein wichtiger Teil unseres Lebens im Pfarrhaus. Dies ist eine der wichtigsten Arten, wie wir Christen Gastfreundschaft zeigen können, ein ernsthafter Ausdruck von Liebe, der Sünden überdeckt. Ein Mittagessen oder eine Tasse Tee mit einem Keks kann viel dazu beitragen, Beziehungen aufzubauen, den Leib Christi enger miteinander zu verbinden und neue Mitglieder in die Gemeinde einzubeziehen.

Unsere Motivation kommt aus Versen des Neuen Testaments wie diesem: »Vor allem aber habt innige Liebe untereinander; denn die Liebe wird eine Menge von Sünden zudecken. Seid gegeneinander gastfreundlich ohne Murren!« (1. Petrus 4,8–9). Gastfreundschaft ohne Murren ist das Ziel, aber das Vorbereiten einer Mahlzeit für die Familie, geschweige denn für andere Leute, kann leicht zu einer anstrengenden Last werden. Wir haben Ansprüche verinnerlicht, die nicht nur beinhalten, dass die Gäste genug essen. Sie sollen das Essen außerdem mögen und darüber hinaus sollte ihnen am besten auch gefallen, wie es aussieht. Wir zögern, Menschen einzuladen, wenn der Abwasch von gestern noch auf dem Abtropfgitter steht. Kann ich eine Tasse Tee anbieten, wenn die Gäste sich möglicherweise selbst Platz auf dem Sofa freimachen müssen? Wenn ich zu viel über die Präsentierbarkeit meines Hauses nachdenken würde, würde ich niemals jemanden einladen. Aber die Gastfreundschaft untereinander, zu der wir Christen berufen sind, ist nicht als Unterhaltungsprogramm gedacht – es ist ein Willkommenheißen innerhalb der Familie. Die Familie kommt vorbei, um uns in unserer Unordnung zu sehen, nicht um den aufgeräumten und durchorganisierten Zustand unseres Heims

zu begutachten, in dem alles perfekt gestaubsaugt und abgestaubt ist. Deshalb muss ich wegen des Aufräumens nicht
murren. Ich kann um Gottes Segen für meine Gäste beten
und bitte sie herein.

Gastfreundschaft muss noch nicht einmal Essen beinhalten.
Eine Einladung, zu uns dazuzukommen – das ist alles, was
Gastfreundschaft ausmacht. Wir können sie anbieten, gleich-
gültig, ob wir eine Küche haben oder nicht, und ungeachtet
des Durcheinanders in unserem Haus und unserem Leben.
Gastfreundschaft baut das Königreich Gottes auf und spiegelt
Gottes Willkommen an unordentliche Menschen. Lasst uns
herausfinden, wie wir all dies ohne Murren tun können.

WAS IST EINE MAHLZEIT?

Ein gestohlenes Stück Obst; eine Hungersnot; ein eilig zubereitetes gebratenes Lamm; Wasser und Nahrung, die auf
wundersame Weise bereitgestellt wurden; ein Mann, der
kommt, um zu essen und zu trinken, und seinen Freunden
Brot und Wein gibt; eine Mahlzeit aus Fisch und Brot für
viele; ein glorreiches Hochzeitsmahl. Von ihrem Anfang bis
zum Ende spricht die Bibel über Mahlzeiten, also darüber,
Nahrung und Getränke zu verzehren. Hunger und Durst
gehören zu den grundlegenden Dingen, die das Mensch-
sein ausmachen. Diese Grundbedürfnisse bestimmen unsere
Tage. Sie können Freude oder Schmerz bereiten, sie können
durch die Sünde verdorben sein oder dazu führen, dass wir
unser Herz voller Freude zu Gott erheben.

Der Herr Jesus sättigt uns ihn ähnlicher Weise wie Essen
und Trinken. Er selbst ist das Brot des Lebens und er bietet
uns Wasser an, nach dessen Genuss wir nie wieder durstig
sein werden. Beim Abendmahl essen wir Brot und trinken

Wein, wenn wir in die Gemeinschaft mit ihm kommen und uns an seinen zerbrochen Leib und sein für uns vergossenes Blut erinnern. Eine Mahlzeit sättigt uns. Eine Mahlzeit kann uns auf Christus ausrichten. Aber ebenso wie unsere Welt und wir selbst sind unsere Mahlzeiten und unser Essen unvollkommen. Vom Kleinkind, das seinen Teller in einem Trotzanfall auf den Boden wirft, bis zum Teenager, der über das Frühstück und seine Lieblingsfrühstücksflocken streitet: »Ich esse nur Kellogg's, nicht diesen Eigenmarkenmist.« Krankheit und Leid verderben unsere Mahlzeiten: Diabetes, Magersucht und Allergien können das Essen allein und mehr noch das Essen mit anderen zu einem chaotischen Minenfeld aus Sorgen und Beklemmungen machen. Dennoch sind wir immer noch dazu berufen, gastfreundlich zu sein, unser Leben mit anderen zu teilen und sie willkommen zu heißen, um so der Gemeinde und der Welt einen klein wenig davon zu zeigen, wie herzlich Gott uns aufnimmt und was er uns darüber hinaus noch alles anbietet. In diesem erfreulichen und doch manchmal nicht ganz ungefährlichen Teil unseres Lebens kann uns Gottes Gnade dabei helfen, unseren Weg zu finden und ihn zu verherrlichen.

Minimahlzeiten

Eine Tasse Tee und einen »Rich Tea finger«-Keks. Eine meiner Lieblingspausen. Warum teile ich sie nicht einfach mit jemand anderem? Leuten, die zum Pfarrhaus kommen, wird so gut wie immer ein Tee angeboten. Manchmal steht auch eine Packung »Rich Tea fingers« bereit, während bei anderen Gelegenheiten nur noch eine halbleere Packung mit aufgeweichten Keksen da ist. Sorry. Aber eine Tasse Tee und genügend Platz am unaufgeräumten Esstisch reichen aus, um ein bisschen zu reden. Es ist ein Willkommen. Indem ich ein heißes Getränk anbiete, teile ich mit, dass es in meinem

Tagesablauf Platz gibt. Eine Tasse Tee zu machen und sie zu trinken, dauert nur eine halbe Stunde, aber einen Tee anzubieten (oder einen Kaffee oder Kräutertee – im Pfarrhaus haben wir die komplette Auswahl im Angebot), zeigt, dass ich Zeit habe. Ich kann mit jemanden über eine Belastung sprechen. Ich kann auf die Ruhe hinweisen, die Jesus den Müden anbietet. Ich kann verfügbar sein.
Manchmal muss ich besser organisiert sein, um mir für Menschen Zeit nehmen zu können. Oder ich muss einen Besuch machen und meine Kekse dorthin mitnehmen. Es ist in Ordnung, die Wäsche und das Staubsaugen stehen und liegen zu lassen. Wirklich.

In einem Jugendzentrum, das ich oft besucht habe, war folgendes Motto auf die Wand gemalt: »Menschen sind wichti-

ger als Dinge.« Eine gute Erinnerung an Gottes Prioritäten in der Welt. Wir sind dazu berufen, eine heilige Nation zu sein, ein Volk, das Gott gehört. Menschen stehen bei ihm an erster Stelle und genauso sollten wir uns zum Ziel setzen, sie als erste Priorität zu sehen.

Selbst dadurch, dass wir einem Kollegen bei der Arbeit ein Getränk holen und uns Zeit nehmen, es mit ihm oder ihr zusammen zu trinken, zeigen wir Gastfreundschaft. Zeit und Aufmerksamkeit, wie kurz und flüchtig auch immer, sind die Grundpfeiler von Beziehungen. Ein wesentlicher Punkt von Gottes Charakter ist die perfekte Beziehung innerhalb der Dreieinigkeit (Gott in drei Personen), deshalb zeigen wir etwas von Gottes Willkommen und bauen Beziehungen, wenn wir andere willkommen heißen und gastfreundlich sind.

> Zeit und Aufmerksamkeit, wie kurz und flüchtig auch immer, sind die Grundpfeiler von Beziehungen.

Im Lauf der Jahre hatte ich viele unterschiedliche Gebetspartner. Oft begann unsere Gebetszeit mit einer Minimahlzeit: Dazu gab es immer eine Tasse Tee oder (als ich noch jünger und morgens munterer war) ein Frühstück vor der Arbeit. Während man Tee trinkt, kann man ein lockeres Gespräch führen. Wenn der Tee ausgetrunken ist, ist es Zeit zu beten. Kinder, die gerade aus der Schule kommen, scheinen grundsätzlich ausgehungert zu sein. Es lohnt sich, die zehn Minuten, in denen sie essen, als Gelegenheit zu sehen, innerhalb der Familie Gastfreundschaft auszuüben. Natürlich gibt es auch Zeiten, in denen ich beiläufig auf die Keksdose verweise, aber es lohnt sich, wenn ich mir Zeit nehme, etwas vorzubereiten, oder mich wenigstens dazusetze, um beim Essen zu reden und zuzuhören. Am Ende ist es die Mühe immer wert gewesen.

Schnelle Leckereien

Für Besucher, die bei mir auf einen Tee vorbeikommen, habe ich eine Auswahl an Snacks, die ich anbiete. Manchmal sind noch Kuchenreste übrig, aber wenn das nicht der Fall ist, bereite ich eins der folgenden Dinge zu:

1. **Kekse aus der Dose:** Das Naheliegendste. Sie müssen nichts Selbstgebackenes servieren – geschweige denn etwas Originelles.
2. **Zimt-Toast:** 1 Teelöffel Zucker mit ¼ Teelöffel Zimt mischen. Zwei Scheiben Brot toasten. Toast dick mit Butter bestreichen und die Zucker-Zimt-Mischung daraufstreuen. Kurz in einen heißen Grill legen, bis der Zucker Blasen wirft. Sofort essen. Für regelmäßige Zimt-Toast-Sitzungen empfiehlt es sich, ein Glas mit vorbereitetem Zimtzucker zur Hand zu haben.
3. **Bananenpfannkuchen:** Die Vorbereitung dauert etwa fünf Minuten, die Zubereitung weitere fünf. Bananenpfannkuchen sind gut für alle geeignet, die auf Zucker verzichten möchten. Sie lassen sich auch glutenfrei zubereiten. Das Rezept ist absolut einfach und funktioniert am besten mit Hilfe von Messtassen: ¾ Tasse (185 ml) selbstaufgehendes Mehl (oder normales Mehl mit ½ Teelöffel Backpulver), 1 Ei, ½ Tasse (125 ml) Milch, 1 zerdrückte Banane. Ei und Milch unter das Mehl heben, dann die zerdrückte Banane dazugeben. Bei mittlerer Hitze in Butter oder Öl anbraten. Ich mache gerne mehrere kleine Pfannkuchen, aber alternativ können Sie auch einen großen Pfannkuchen machen, beispielsweise für das Frühstück. Schmeckt auch gut mit Blaubeeren oder ohne die Banane. In letzterem Fall empfiehlt

es sich, stattdessen einige Teelöffel Zucker dazuzugeben oder die Pfannkuchen mit Sirup zu beträufeln. Ergibt zwölf bis fünfzehn kleine Pfannkuchen.

4. **Krieg-ich-hin-Kekse:** Dieses Rezept ist großartig, wenn Ihnen plötzlich einfällt, dass der Bischof oder ein Babysitter vorbeikommen, Sie aber keine Kekse im Haus haben. Insgesamt dauert die Zubereitung eine halbe Stunde. Sie brauchen 85 g Margarine, 170 g Zucker, 170 g selbstaufgehendes Mehl (oder 140 g selbstaufgehendes Mehl und 30 g Kakaopulver für Schokoladenteig), 110 g Schokoladenchips oder Rosinen oder etwas Ähnliches. Margarine und Zucker cremig rühren, Mehl und Ei hinzufügen (und gegebenenfalls den Kakao) und schließlich die Schokoladenchips oder Ihre Wunschzutat dazugeben. Ich benutze normalerweise einen Teelöffel, um ungefähr vierzig kleine Kekse auf ein mit Backpapier ausgelegtes oder gefettetes Backblech zu setzen. Größere Kekse kann man mit einem Suppenlöffel machen. 10-15 Minuten bei 180° C backen, Gas Stufe 4. Wenn Ihnen die Kekse zu knusprig sind, backen Sie sie beim nächsten Mal etwas kürzer. Sie werden schon nach ein paar Minuten im Backofen fest.

Tischmahlzeiten

Sich zum Essen um einen Tisch herum zu versammeln, gehört zur christlichen Routine, seit der Herr Jesus sein Leben mit den Jüngern teilte und insbesondere, seit er das Abendmahl einführte. Das Essen muss nicht unbedingt selbstgekocht sein. Selbst wenn als Tisch notfalls der Fußboden dienen müsste oder unser Schoß, sollten wir es uns zur Gewohnheit machen, unsere Hauptmahlzeiten zusammen mit anderen einzunehmen und die Zeit dafür nicht anderweitig zu verplanen, gleichgültig, wie unverbindlich unsere Kultur sein mag. Ob es um das alltägliche Teetrinken oder das Sonntagsessen geht: Es lohnt sich, darüber nachzudenken, wie man gut mit anderen essen kann, auch wenn wenig Zeit oder Neigung vorhanden sind und in der Küche noch der Abwasch von gestern Abend steht. Sicher kommt es vor, dass wir von der letzten Folge »MasterChef« oder durch ein neues Kochbuch von Nigella[5] derart inspiriert sind, dass wir in der besten Schürze nur so durch die Küche wirbeln, aber das ist nicht jeden Abend so. Zumindest nicht in meinem Haus.

Es macht einen etwas traurigen Eindruck, ich weiß, aber normalerweise mache ich mir einen Kochplan für die Woche oder zumindest für die Abende, an denen viel los ist. Ich schreibe ihn auf die Rückseite meiner Einkaufsliste, bevor ich zum Supermarkt fahre. So ist zumindest sichergestellt, dass die Hauptzutaten vorhanden sind. Es hilft nicht viel, für das grüne Thai Curry einzukaufen, wenn ich zu Hause feststelle, dass keine Kokosnussmilch mehr da ist – gleich nachdem ich das Huhn angebraten habe. Früher habe ich die meisten Essen spontan geplant, aber mit sieben Personen im Haus und einem engen, mit Schwimmstunden, Schulverpflichtungen und Gemeindeveranstaltungen vollgestopften Vorabendterminplan kann ich mir das nicht mehr erlauben. Ich habe auch einen sehr festgelegten Speiseplan für die Wochenenden, was das Leben einfacher macht. Am Samstagmittag gibt es Nudeln und zum Tee gefüllte Teigrollen. Sonntagmittag gibt es Braten und später Käse und Kekse. Ich muss nicht viel darüber nachdenken und gleichzeitig ist der Plan so flexibel, dass es nicht eintönig wird. Ein bisschen Planung sorgt dafür, dass die Dinge etwas weniger chaotisch laufen. Wenn ich einen Plan habe, kann ich mich jederzeit

---

5 [Nigella Lawson ist eine in Großbritannien sehr bekannte Kochbuchautorin – *Anm. d. Übers.*]

entscheiden, etwas anders zu machen. Aber ohne Menüplan habe ich gar keinen Ausgangspunkt.

Im Kopf ist der Tisch gedeckt und alle erscheinen pünktlich zum Essen. Spüle und Abtropfgitter sind leergeräumt und im Hintergrund spielt beruhigende klassische Musik. In der Realität habe ich etwas zu spät mit dem Kochen angefangen, keins der Kinder möchte das oben stattfindende lärmende Spiel unterbrechen, die Teller sind kalt und ich habe vergessen, den Brokkoli zu kochen. Wie Sie bereits wissen, sprechen wir seit die Kinder klein sind vor dem Abendessen ein Bekenntnis und danken dann erst für das Essen. Da zu dieser Zeit ein großer Teil des Tages schon vergangen ist, ist es eine gute Zeit für ein Bekenntnis – und wenn sogar die Herstellung und das Servieren des Essens mit Sünde behaftet sind, ist es noch notwendiger.

Sonntagmittag ist nach großartiger britischer Tradition die Mahlzeit, zu der wir am häufigsten Gäste einladen. Ich mache sonntags meistens Braten, da das Essen dann leicht etwas gestreckt werden kann und die meisten Leute ihn gern essen. Aus einem Braten für sechs Personen kann mit ein wenig zusätzlichem Gemüse und etwas kleineren Fleischportionen leicht einer für acht oder neun werden. In einer Gegend, in der die Menschen stärker von ihrem Terminplan bestimmt sind, würden wir unsere Sonntagsgäste sicher im Voraus einladen, aber in unserer Gemeinde können wir das spontan entscheiden, wie es sich ergibt.

Ich versuche immer, einen großen Braten zu machen, dessen Reste wir später verarbeiten, wenn am Sonntag nicht alles gegessen wird. Außerdem achte ich darauf, dass immer zusätzliches Gemüse da ist. Aus diesem Grund konnte ich vor Kurzem eine Mutter mit ihren vier Kindern nach dem Gottesdienst zu uns einladen. Ich hatte schon einen großen Schinken gekocht, der bereit war, glasiert und gebraten zu werden. Als ich nach Hause kam, musste ich nur noch einige zusätzliche Kartoffeln und Karotten kochen. Es war ziemlich chaotisch und das Dessert musste improvisiert werden – Eis mit Sirup und Streuseln, glaube ich. Aber eine chaotisch zubereitete Mahlzeit ist besser als gar keine Mahlzeit und ganz sicher mag so gut wie jeder Eis.

Vor ein paar Jahren hatte mein älterer Sohn an einem Sonntag Geburtstag. Wir hatten in einem Indoor-Spielplatz in der Nähe schon eine Party für ihn geplant, die am Montag nach der Schule stattfinden sollte. Aber wie sollten wir an seinem eigentlichen Geburtstag feiern?

Um die Wahrheit zu sagen, hatten wir seinen Geburtstag bei der Planung dieses Sonntags nicht wirklich berücksich-

tigt und daher bereits drei Gemeindemitglieder zum Essen eingeladen. Es handelte sich um einen Achtzigjährigen und ein Rentnerehepaar in den Siebzigern. Die Kinder sind an alle Arten von Gästen zum Mittagessen gewöhnt, deshalb fiel ihnen gar nicht auf, dass die Leute am Tisch älter waren als ihre Großeltern.

Vor dem Essen hatten sie Spaß daran, unseren Freunden ihre Babyfotos zu zeigen, und das Geburtstagskind führte seine neuen Spielzeuge im Wohnzimmer vor, glücklicherweise nicht den Springstock. Wir alle hatten viel Spaß mit den Witzen aus dem neuen Basil-Brush-Witzebuch. Es war ein großartiges Geburtstagsessen, aber kein sorgfältig geplantes. Ein chaotisches Essen, mit mehr oder weniger zufällig zusammengestellten Gästen. Das ist die wahre Gemeinde: Eine Mahlzeit gemeinsam mit denen, die Jesus lieben. Anteilnehmen am Leben der anderen und eine Verbindung zwischen Menschen, die Gott zueinandergebracht hat.

Top-Tipps für den Sonntagsbraten

1. **Schinken:** Vor dem Gottesdienst kochen (30 Minuten pro 500 g, was bedeutet, dass Sie früh aufstehen müssen, wenn Sie einen großen Braten zubereiten und um 13.00 Uhr essen möchten). Den Braten vorerst im Topf lassen. Wenn Sie nach Hause kommen, glasieren und bei 200° C 30 Minuten backen. Ich koche den Braten in Wasser mit einer Zwiebel, Nelken und Lorbeerblättern, weil ich die Flüssigkeit so später für eine Linsensuppe verwenden kann. Wenn Sie das Fleisch in Cola oder Cranberry-Saft kochen, schmeckt der Braten gut, aber Sie werden keine Linsensuppe machen wollen. Glauben Sie mir, ich habe es ausprobiert. Es schmeckt

seltsam. Ich glasiere die Fettkruste, indem ich sie kreuzweise einritze, alles mit Nelken spicke und dick Senf aufstreiche, den ich mit einigen Teelöffeln braunem Zucker gemischt habe. Nach Weihnachten ersetze ich die Senf-Zucker-Mischung durch Cranberry-Soße, die ich noch aufbrauchen muss. Da ich den Schinken normalerweise mit Kartoffelbrei serviere, ist es einfach, das Essen etwas zu strecken, da das Püree erst nach dem Gottesdienst zubereitet wird. Vor Kurzem habe ich wieder entdeckt, wie wunderbar gratinierter Blumenkohl dazu schmeckt.

2. Langsames Schwein: Für langsames Braten eignet sich Schulter am besten, die außerdem preiswert ist, aber es funktioniert auch mit jedem anderen Bratenfleisch. Ritzen Sie die Haut gut an und salzen Sie sie sorgfältig. Es sollte auch Salz direkt in die Einschnitte gelangen. Dann für eine halbe Stunde bei 220° C braten, bis das Knistern aufgehört hat (bevor Sie gehen). Mit Folie bedecken und für 2 ¼ Stunden pro Kilogramm bei 170° braten. Das sollte Ihnen Zeit geben, in den Gottesdienst zu gehen, wenn Sie ein großes Bratenstück haben. Ich nehme normalerweise einen 2 kg-Braten. Wenn Sie nach Hause kommen, nehmen Sie das Fleisch heraus und geben Sie einige Karotten, Sellerie, Lauch, Zwiebeln, Lorbeerblätter und Knoblauchzehen auf den Boden des Topfes. Dann das Fleisch wieder dazugeben und unbedeckt für eine weitere Stunde in den Ofen geben. In dieser Zeit können Sie die Kartoffeln anbraten. Geben Sie etwas Wasser zu, sobald das Fleisch geschnitten werden kann, lassen Sie alles einige weitere Minuten leicht köcheln und dann den Gemüse-Fleischsaft durch ein Sieb tropfen und Sie haben die beste Bratensoße der Welt. Tatsache.

3. **Langsames Lamm:** Gebräunte Lammschulter koche ich in einem Bratgefäß auf einer bereits kochenden Gemüsegrundlage aus fein geschnittenen Zwiebeln, Knoblauch, Karotten und Sellerie, zusammen mit ungefähr einem Glas Rotwein, einigen Zweigen Rosmarin und zwei bis vier Dosen Bohnen (normalerweise weiße Bohnen, Garten- oder Borlotti-Bohnen) sowie 2 Liter Wasser. Mit Folie bedeckt kann die Lammschulter bei 170° C 4–5 Stunden kochen. Viel Zeit für den Gottesdienst und den Kaffee danach. Die Bohnen sind hervorragend für das Mittagessen geeignet und schmecken als Reste gut mit knusprigem Brot oder Pasta, zusammen mit allen übriggebliebenen Stückchen des Lammes. Das Lamm schmeckt großartig mit Kartoffelpüree oder Kartoffelgratin: In dünne Scheiben geschnittene, mit einigen Kräutern und etwas Knoblauch bedeckte Kartoffeln, in Milch oder Sahne für eine Stunde oder länger im selben Ofen wie das Lamm kochen.

Normalerweise benutze ich für Huhn und Fleisch den Timer meines Ofens, da ich für beide noch kein gutes Slow-Cooking-Rezept gefunden habe. Huhn kann für zusätzliche Gäste nach dem Gottesdienst ganz einfach gestreckt werden, indem man nach der Rückkehr ein bis zwei Packungen Würstchen in den Ofen schmeißt. Ich habe für alle Fälle meistens welche im Gefrierfach.

Sonntagsdessert ohne Schnickschnack

1. **Eis:** Alle lieben es. Mit Soßen, Streuseln und Löffelbiskuit macht es noch mehr her.
2. **Trifle:** Löffelbiskuit mit einem Schuss Sherry, einigen kleingeschnittenen Früchten – aus der Dose oder frisch

–, Pudding oder »Angel Delight« (Butterscotch funktioniert hervorragend) und einer Portion Schlagsahne. Sehr schnell zubereitet, wenn Sie die Zutaten im Haus haben.

3. **Eves Plumpudding:** Traditionell wird Eves Plumpudding mit gekochten Äpfeln zubereitet, aber ich nehme oft eine 500 g-Schale der roh nie besonders gut schmeckenden Pflaumen dafür. Schneiden Sie die Pflaumen in der Mitte durch und entfernen Sie die Steine. Legen Sie die Hälften mit der runden Seite nach oben in ein Keramikgefäß und bestreuen Sie sie mit Zucker. 80 g weiche Margarine mit 80 g Zucker cremig verrühren, 1 Ei und 140 g selbstaufgehendes Mehl[6] unterheben. Die Pflaumen mit der Biskuitmischung bedecken und alles bei 180° C 30–40 Minuten backen, bis der Biskuit fest und goldfarben ist.

Gemeindemahlzeiten

Ein Mitbringbuffet mit Quiche, Kuchen, Teigtaschen, Sandwiches, Samosas und Carribean Fried Chicken (in einer multikulturellen Gemeinde Standard), ohne dass das geringste bisschen Grün zu sehen wäre. Man würde eine solche Mahlzeit nicht unbedingt als gesund bezeichnen, aber es ist jedes Mal eine sehr *fröhliche* Mahlzeit, wenn die Gemeindefamilie an den Tischen zusammenkommt, um zu essen, zu reden und zu lachen. Die Organisation ist ganz unkompliziert. Einfach »Bringt etwas zu essen mit« in den Gemeindebrief schreiben und es tritt das angenehme Phänomen ein, dass immer mehr als genug da ist.

Manchmal essen wir in der Gemeinde auch ein richtiges Mahl miteinander – ein chaotisches Mahl. Dabei machen

---

6 [Oder 140 g Mehl + ½ Tl Backpulver – *Anm. d. Übers.*]

wir uns oft Gedanken darüber, ob genug zu essen da ist, oder wir fragen uns, ob das Menü die Feinschmecker in der Gemeinde beeindrucken wird. Fast fangen wir an zu glauben, dass das Essen den Standards von Mary Berry und Paul Hollywood im »Great British Bake Off« genügen oder gar der Kochshow »MasterChef« würdig sein muss.

Zurück zum Neuen Testament: »Und laßt uns aufeinander achtgeben, damit wir uns gegenseitig anspornen zur Liebe und zu guten Werken, indem wir unsere eigene Versammlung nicht verlassen, wie es einige zu tun pflegen, sondern einander ermahnen, und das um so mehr, als ihr den Tag herannahen seht! « (Hebräer 10,24–25). Denken Sie daran, dass unsere Zusammenkünfte dazu da sind, dass wir uns gegenseitig zu Liebe und zu guten Werken anspornen und einander ermutigen. Sie sind kein Kochwettbewerb. Wenn es sich lohnt, einen Gottesdienst mit gemeinsamem Essen zu veranstalten, dann lohnt es sich auch, dies mit Tiefkühlpizza, Backofenpommes oder einer zufälligen Zusammenstellung aus Sandwiches, Schottischen Eiern und Bourbon Biscuits zu tun. Lasst uns beim Essen zueinanderkommen und überlasst der Welt die Sorgen um die perfekte Präsentation und die Gourmetmahlzeiten.

Ob es sich um eine Einladung an die Gemeinde oder an eine größere Gruppe handelt, es passiert sehr leicht, dass die Planung durch einen allzu professionellen Anspruch belastet wird. Möglicherweise glauben wir, dass unser eher unansehnliches, selbstgekochtes Essen die Leute nicht beeindruckt, und beauftragen für das gemeinsame Essen in der Gemeinde ein Catering-Unternehmen. Oder wir schicken mit der Einladung Rezepte heraus, an die sich alle halten sollen. Oder aber wir entsorgen heimlich die etwas matschig aussehende Quiche von der lieben Agatha. Wir reglementieren die Familie in einer Art, wie wir es zu Hause niemals tun würden. Zu Hause nehmen wir die matschige Quiche dankbar an. Zu Hause wären wir angenehm überrascht, weil die leckere Füllung für den aufgeweichten Teig entschädigt.

Ein Essen in der Gemeinde ist eine Chance, einander Gnade zu zeigen und sie unseren Gästen vorzuleben. Das Willkommen, das eine Gemeindefamilie vermittelt, ist anders als ein Willkommen der Welt. Ein Gemeindeessen ist eine Gelegenheit, Außenstehende willkommen zu heißen, deshalb sollten wir sorgfältig über jeden Aspekt des gemeinsamen Essens nachdenken. Natürlich möchten wir niemanden vergiften, aber wir wollen auch nicht den Eindruck erwecken, dass die Gemeinde eine Art Restaurant ist, in dem alle Cupcakes aufeinander abgestimmt sind, oder ein Ort, an dem wir uns mehr Sorgen darüber machen, wie wir aussehen, als darüber, wer wir sind.

Paulus rät den Christen in Kolossä: »Wandelt in Weisheit denen gegenüber, die außerhalb [der Gemeinde] sind, und kauft die Zeit aus! Euer Wort sei allezeit in Gnade, mit Salz gewürzt, damit ihr wißt, wie ihr jedem einzelnen antworten sollt« (Kolosser 4,5–6). Wir sollten also weise sein, wenn wir die, die außerhalb sind, zu einem Essen einladen. Wenn jedes Mahl perfekt wäre, könnte der verkehrte Eindruck entstehen, dass die christliche Gemeinschaft *keine* unvollkommene ist, die allein durch Jesu Tod vollkommen gemacht ist. Natürlich sollten wir uns jede erdenkliche Mühe geben, andere willkommen zu heißen und ihnen ein gutes Essen anzubieten. Aber zu hoch gesetzte Standards, die fast unerreichbar sind, können dazu führen, dass niemand mehr Lust hat teilzunehmen. Eine Freundin von mir ging in eine Gemeinde, in der die meisten Mitglieder das Gefühl hatten, nicht genug Zeit zu haben, um Essen zuzubereiten, das den hohen Standards für eine Gemeindeveranstaltung genügen würde. Daher bezahlte die Gemeinde einen Cateringservice.

Aber dann hatten die meisten das Gefühl, Außenstehenden gegenüber nicht freundlich zu sein, und die Gemeindemitglieder fühlten sich weniger miteinander verbunden als zuvor. Indem sie die Zubereitung des Essen abgegeben hatte, waren der Gemeinde einige der Bande verloren gegangen, die eine Familie miteinander verbinden. Also verteilte meine Freundin für eine andere Veranstaltung Servierplatten und bat Gemeindemitglieder, diese zu befüllen. Das Schöne daran war, dass die Leute nicht kochen mussten, aber sie konnten etwas zu essen auswählen. Sie gaben etwas von sich selbst zu dem Mahl dazu und damit auch allen, die aßen. Genau so, wie auch Jesus sich selbst uns gibt, wenn wir sein Mahl von Brot und Wein zu uns nehmen.

Mehr als Mahlzeiten

Nicht jedes Geben unserer selbst muss Essen beinhalten, nicht einmal eine Tasse Tee. Es muss auch nicht zu Hause stattfinden. Kreative Gastfreundschaft kann unsere Gemeindefamilie enger miteinander verbinden und die Außenstehenden in einer Gemeinschaft willkommen heißen, in der man das Leben miteinander teilt. Dies beinhaltet auch einige der ganz alltäglichen oder chaotischen Aspekte.

Zusammenkommen kann auch heißen, einen Spaziergang im Park oder einen Zoobesuch zu machen. Wir können uns zum Fernsehen treffen oder gemeinsam das Unkraut im Garten jäten. Wir können uns unterhalten, während wir gemeinsam das Auto waschen; wir können den Leib Christi bei einer Fahrradreparatur stärken oder mit einem Kinobesuch. Manchmal bedeutet das Planung und Einladungen, aber ehrlich gesagt funktioniert meine kreative Gastfreundschaft immer spontan und aus dem Moment heraus, etwa so: Jemanden sehen, der eingeladen werden könnte, und einfach fragen.

Wir könnten auch darüber nachdenken, die Gastfreundschaft über die Menschen, die wir kennen und mit denen wir uns treffen, hinaus auszuweiten. Ein wachsendes Zeugnis christlicher Gastfreundschaft demonstriert das nationale Netzwerk von Tafeln, unterstützt durch den Trussell Trust. Die Tafel in unserer Stadt lebt von gespendeten Konserven und haltbaren Lebensmitteln, die die Gemeinden spenden. Unsere Mitglieder haben geholfen, den Klienten Essenspakete zu bringen und viele Gemeindemitglieder bringen regelmäßig Nahrungsmittelspenden in die Gemeinde. Menschen, die zu gebrechlich sind, um andere zu sich einzuladen oder sich beim Essensdienst der Gemeinde einzubringen, können eine Dose Bohnen oder eine Packung Schokoladenkekse beitragen und so anderen, die zu den verwundbarsten Mitgliedern unserer Gemeinschaft gehören, ihre Gastfreundschaft zeigen.

GNADE FÜR UNSERE MAHLZEITEN; VERSORGUNG IN UNSERER GASTFREUNDSCHAFT

Segne diese Gemeinschaft und unser Essen.

Möge der Herr uns aufrichtig dankbar machen für das, was er uns schenkt.

Alle gute Gabe kommt her von Gott dem Herrn.
Drum dankt ihm, dankt, drum dankt ihm, dankt, und hofft auf ihn.[1]

Es gibt zahlreiche Möglichkeiten, beim Kochen etwas falsch zu machen, ebenso beim Servieren des Essen, bei den Einladungen und dem Annehmen derselben. Gründe genug, un-

ser Essen mit einem Dankgebet zu beginnen, das [im Englischen – *Anm. d. Übers.*] oft als »Gnade« bezeichnet wird.
Aber Gnade ist mehr als ein Dankgebet: Sie ist Nahrung, die
Gott uns gibt und die wir nach seiner Berufung an andere
weitergeben sollen.

Also wie kann Gottes Gnade unsere Mahlzeiten und unsere Gastfreundschaft durchdringen? Von Gnade durchdrun-
gene Gastfreundschaft lädt die Menschen mit Wärme ein,
ohne Murren. Wie kann ich mit Gottes Gnade erfüllt sein,
wenn die hungrige Meute einfällt, mir gerade die Hälfte der
Karotten auf den Boden gefallen ist und ich das Soßengefäß
nicht finden kann? Die Gnade kommt zu uns durch Jesus,
wenn ich meine Augen auf ihn richte. Wenn ich mich an die
Gnade erinnere, die mir begegnet ist, kann ich auch weinen-
den Kindern Gnade zeigen oder den Gästen, von denen ich
gar nicht mehr wusste, dass ich sie eingeladen hatte. Ich kann
für meine Errettung danken, die Chips herausholen und ein
Getränk oder einen Gemüseschäler anbieten.

Eine Mahlzeit anzubieten bedeutet nicht, dass ich alles
allein machen muss. Eine Freundin von mir, die in der Ju-
gendarbeit aktiv ist, erzählte mir, dass junge Leute sich in
ihrer Küche ihr eigenes Essen zubereiten können. Mutige
Frau. Für die Teenager ist das eine Zeit der Gnade. Ich kann
Gnade geben und empfangen, indem ich im Haushalt eines
anderen helfe oder um Hilfe in meinem bitte.

Kinder wachsen heran, wenn sie regelmäßig gefüttert werden. Allerdings ist nicht jede Mahlzeit etwas Besonderes:
Manchmal gibt es auch Würstchen, Pommes mit Bohnen
oder eine Tiefkühlpizza. Genauso wachsen unsere Beziehungen durch unsere Gastfreundschaft. Besondere Ereignisse
der Gastfreundschaft bleiben in Erinnerung: Vielleicht prägt
sich die gemeinsame Sederfeier mit fünfzig anderen aus der
Gemeinde besonders ein, bei der es Lamm gab und die Tradi-

tionen des Passahfestes nachgespielt wurde. Andere Gemeindemahlzeiten sind wiederum schnell vergessen. Die Tasse Kaffee am Küchentisch bleibt nicht so sehr im Gedächtnis, ebenso wenig eine gemeinsame Suppe an einem Sonntag im Winter, aber die Beziehung wird trotzdem aufgebaut. Stück für Stück. Die Gemeinde ist gewachsen.

Gott kann selbst ein schlecht zubereitetes Mahl dazu gebrauchen, das Gute zu bewirken. Wenn das Essen ausgeht oder uns das Dessert herunterfällt, können wir Gott immer noch vertrauen, dass er unser Chaos für seine Zwecke nutzen kann. Wir können weiterhin die Liebe zeigen, die jede Sünde zudeckt, inklusive der Sünde, den eigenen Beitrag zum Mitbringbuffet vergessen zu haben, und der, viel zu viel Chili ins Chicken Curry getan zu haben. Wir können Gastfreundschaft ohne Murren zeigen und dabei darauf vertrauen, dass Gott alles unter Kontrolle hat, trotz der zusätzlichen Gäste, die zum Essen für Bedürftige erschienen sind.

Gottes Gnade und seine Versorgung befähigen uns, das Essen, das er uns gibt, freudig mit den Menschen zu teilen, die er uns gegeben hat, damit wir sie lieben. Wir können Gastfreundschaft ohne Murren zeigen, wenn wir uns an das allerwichtigste Willkommen erinnern, das Christus für uns erkämpft hat.

8. UNORDENTLICHE FEIERN

In einem chaotischen Leben springen einen die festlichen Anlässe an wie die Katze das Küken. Gerade noch war ich in Ruhe mit meinen eigenen Angelegenheiten beschäftigt und plötzlich – *Tadaah!* – fordern fünf Geburtstage, Ostern und ein Mitbringbuffet meine volle Aufmerksamkeit. Und zwar jetzt sofort. Obwohl ich Google Kalender habe *und* einen Filofax *und* Erinnerungen auf meinem Handy *und* eine schicke Box mit Karten, auf denen die Geburtstagstermine stehen, was das Problem mit der Geburtstagsvergesslichkeit eigentlich hätte lösen sollen, bleibt ganz plötzlich nur noch weniger als eine Woche Zeit, um mehrere extrem wichtige Dinge zu erledigen.

Für das Essen ist schon gesorgt (in Kurzform: Zu unserer Entlastung gibt es Tiefkühlpizzas und Imbissbuden), aber festliche Anlässe, insbesondere jährliche Feiern, sind Zeiten, in denen ich feststelle, dass sich mein Chaos auf ein völlig neues Niveau bringen lässt. In meinem Kopf wirbeln zahllose Listen herum, die dann in unterschiedlichen Archiven wieder verschwinden. Ich möchte kreativ sein, finde aber keine Zeit zu denken. Wie also inmitten des Gewirrs aus Erwartungen und Wünschen zurechtkommen, um dem Rhythmus des Jahres das Beste abzugewinnen?

JÄHRLICHE FEIERN

Wenn ich eine gute Anglikanerin wäre, wüsste ich alle Termine des Kirchenkalenders auswendig. Aber das Datum des Dreieinigkeitssonntags vergesse ich immer. Wie dem auch sei: Es scheint einen gewissen Rhythmus in unserem Jahr zu geben, der wesentlich durch Ostern, Weihnachten und die Schulhalbjahre bestimmt wird. Der Einzelhandel und die Medien betonen zunehmend auch weitere Gründe, Geschenke zu kaufen, und unsere Gesellschaft macht aus kleinen, unbedeutenden Anlässen große, angeblich wichtige Events. Obwohl wir uns von dieser konsumorientierten Entwicklung nicht beeinflussen lassen, haben wir neue Familientraditionen entwickelt, um diese zusammen mit unseren Nachbarn erleben zu können. Beispielsweise unternehmen wir einiges an Halloween, obwohl wir es nicht als solches »feiern«.

Regelmäßig wiederkehrende Feste waren im Alten Testament ein wichtiger Teil des Lebens in Israel und Juda. Feste waren Zeiten des Ausruhens und Zusammenkommens und auch eine Zeit, um sich auf einen bestimmten Aspekt von Gottes Beziehung zu seinem Volk zu konzentrieren. In ihrem Buch *Treasuring God in Our Traditions* nennt Noël Piper regelmäßige, an Gott orientierte Feierlichkeiten »Gottes Klebstoff«. Sie sagt: »Durch sie lernen, erkennen und erfahren wir etwas über Gottes Treue, der verheißen hat: ›Ich will dich nicht aufgeben und dich nicht verlassen‹« (Josua 1,5).[1]

Regelmäßig wiederkehrende Feste können uns dabei helfen, Gottes Wort an die nächste Generation weiterzugeben und es in unseren Herzen zu bewahren. Und das funktioniert trotz unserer chaotischen Fehler und gewisser Unklarheiten bezüglich des Datums für Erntedank oder die Lichtmess.

Unordentlicher Advent

In unserer Küche steckt ein dürrer Ast mit ein paar dünnen Zweigen daran in einem Plastikeimer. Der Eimer ist mit Alufolie eingewickelt und mit Kieselsteinen gefüllt, die wir an der Straße gesammelt haben. Einer der knubbeligen Triebe wird von einem Kind verdeckt, das einen zerbrechlichen Regenbogen aus Papier hält, der wiederum mit glänzendem Süßigkeitenpapier bedeckt ist. Es ist der 3. Dezember und im Pfarrhaus wurde ein Jessebaum-Ornament aufgehängt. Bisher haben wir es geschafft, zu allen drei Jessebaum-Sitzungen zusammenzukommen. Am Baum sind außerdem eine große Scheibe aus goldenem und gelbem Karton zu sehen, die uns an die Erschaffung der Welt erinnert, sowie drei Äpfel, die auf den Moment hinweisen, in dem Adam und Eva die verbotene Frucht aßen. Ich weiß nicht, warum sich in der Sammlung in unserer Schokoladendose drei Äpfel befinden. Offenbar haben wir sie uns irgendwie angeschafft und sie sorgen dafür, dass drei Kinder weniger mürrisch sind, wenn wir uns an den traurigen Tag des Sündenfalls erinnern. Heute denken wir an Noah und seine Arche und an Gottes Versprechen, niemals wieder eine Sintflut auf die Erde zu senden.

Der Jessebaum ist Teil unseres Familien-Advents, seit die Kinder klein sind. Er ist eine großartige Art, sich an die Geschichte von Gott und seinem Volk zu erinnern, von der Schöpfung bis hin zur Geburt Christi. Der Tradition gemäß hängen wir ab dem 1. Dezember jeden Tag ein anderes Ornament an unser dünnes Ästchen, lesen in der Bibel und stellen dazu ein paar Fragen, die auf das Kommen Christi hinweisen. Jedes Ornament erinnert uns an eine Bibelpassage oder eine Person, die Christus im Alten Testament verkündet hat. Es ist ein visueller Überblick über die Bibel, der Kindern (und Erwachsenen) hilft, Gottes Plan zur Errettung in einem größeren Zusammenhang zu sehen. (Die Texte und

Symbole, die wir dafür nutzen, sind am Ende dieses Buches abgedruckt.)

Am Anfang ist der Dezember immer eine Oase der Ruhe, wir fangen also ganz gut an. Aber dann geraten wir jedes Mal zunehmend in einen Strudel aus Theaterstücken, Aufführungen, Notfallshopping und Weihnachtsgottesdiensten – und finden keine Zeit für unsere Bibellesungen. Aber das ist in Ordnung. Nächstes Jahr werden wir es auch am 16. Dezember schaffen zu lesen. Dieses Jahr hängen wir einfach am 17. Dezember zwei Ornamente auf und es geht weiter. Es ist nicht perfekt, aber es entwickelt sich. Und das ist besser, als es gar nicht zu tun. Immer. Wir haben vielleicht nicht den kompletten, fein säuberlich geordneten Überblick gewonnen, aber wir haben doch etwas von der Geschichte Gottes gesehen. Also hat es sich gelohnt.

Es lohnt sich auch, wenn man das Ganze etwas platzsparender aufbaut. Mit einer am Kühlschrank befestigten Skizze eines Baumes und ein paar aus dem Internet ausgedruckten Symbolen oder aber mit dem »Jesse Tree Advent Calendar«, den die *Good Book Company* herausgegeben hat, kann man vereinfachte Versionen umsetzen. Außerdem können Sie dazu Ihre eigene Schokolade aussuchen und sind nicht gezwungen, die reichlich nach Karton schmeckende aus den Kalendern zu essen. Oder Sie verwenden eine Adventskerze, die jeden Abend ein Stückchen weiter herunterbrennt. Auf unserer stehen meistens vierundzwanzig unterschiedliche Namen, die dem Herrn Jesus gegeben wurden. Ein schneller Blick auf den Jessebaum oder die halb heruntergebrannte Kerze und unser Sinn ist auf Gottes Absicht mit Weihnachten gerichtet, auf seinen Sohn und dessen Menschwerdung, auf die Errettung der Welt, nicht auf das Durcheinander und die Dunkelheit, die wir Menschen in die Jahreszeit des Lichtes und des Lebens bringen.

Folgendem Vers aus dem Evangelium kommt hierbei besondere Bedeutung zu: »In ihm war das Leben, und das Leben war das Licht der Menschen. Und das Licht leuchtet in der Finsternis, und die Finsternis hat es nicht begriffen« (Johannes 1,4–5).

Unordentliche Weihnachten

An Heiligabend, wenn unsere Gemeindefamilie das Gebäude verlässt und nach Hause eilt, zu wartenden Familien und zu ihren Truthähnen, kommt gleichzeitig ein ganzer Schwall Menschen in der Gemeinde an, um die Tische im Saal aufzubauen. Das ist die Versammlung der Panjabi-Gemeinde, die jede Woche in unserem Gebäude zusammenkommt. Sie bereiten sich auf das Weihnachtsmahl mit ihrer Gemeindefamilie vor, das von etwa fünfzig Personen besucht wird. In der Fernsehserie »Rev«, einem ergreifenden Weihnachtsspecial, geht es in erster Linie um ein Weihnachtsessen für heimatlose Kinder. Unser Weihnachtsessen mit Menschen zu teilen, die wir kaum kennen oder die von sich aus erscheinen, anstatt eingeladen zu werden, wäre für die meisten von uns ein Schritt, der uns aus der Komfortzone führt. Wie könnten wir jemals so Weihnachten feiern? Unvorhersehbar? Chaotisch?

Die Versuchung, ein nettes und perfektes Weihnachtsfest zu feiern, ist groß. Wir werden mit Werbung bombardiert, Artikel klären uns über das richtige Menü und die Tischdekoration auf, über Geschenkideen und Verpackungstechniken. Aber wie viel Zeit möchte ich dafür aufwenden, Weihnachten vorzubereiten? Müssen es die 300 Stunden (achtunddreißig Tage) sein, von denen die Medien berichten? Natürlich habe ich nicht so viel Zeit dafür übrig. Also fällt das perfekte Weihnachtsfest unter den Tisch und stattdessen werde ich das chaotische feiern. Denn was ich vor allen Dingen tun möchte, ist, mich auf den Erlöser zu konzentrieren und dies mit der Familie und anderen zu genießen.

Seit mein Mann ordiniert ist, können wir an den Weihnachtsfeiertagen keine Verwandten mehr besuchen, und unsere Verwandtschaft zieht es vor, an so geschäftigen Feiertagen nicht zu reisen. Deshalb haben wir zu unseren Weihnachtsessen immer Nachbarn eingeladen. Wir genießen es, mit Freunden zusammen zu essen und mit Keksen und lustigen Hüten Spaß zu haben – und mit der *Abba*-Karaoke, die eine unserer Traditionen geworden ist. Wenn wir mit anderen zusammen essen, können wir einen größeren Truthahn bestellen und alle Beilagen zubereiten. Und wir müssen nicht bis März davon essen, bis alles leer ist. In der britischen Tradition ist Weihnachten ein großes Familientreffen. Das gibt uns die Möglichkeit, unsere eigene Familie zu öffnen, um anderen Gottes Willkommen zu zeigen. Genau das sollten wir in einer Gesellschaft tun, in der viele Familien zerbrochen sind oder Probleme haben, zusammenzukommen. In unserer Gemeinde leben viele Menschen tausende Kilometer weit entfernt von ihren Familien, weil sie aus dem Ausland nach Großbritannien gezogen sind. Wie wäre es, Gottes Komfort anzubieten, indem wir andere dazu einladen, den Tag mit uns zu verbringen, anstatt uns um unsere Komfortzone der Tradition zu sorgen?

Wenn wir Paulus' Gebet für die Christen in Thessaloniki lesen und es für uns selbst beten, erinnert uns das an Gottes ewigen Trost für uns, was uns befähigt, diesen auch anderen zu bringen: »Er selbst aber, unser Herr Jesus Christus, und unser Gott und Vater, der uns geliebt hat und uns einen ewigen Trost und eine gute Hoffnung gegeben hat durch Gnade, er tröste eure Herzen und stärke euch in jedem guten Wort und Werk!« (2. Thessalonicher 2,16–17).

Weihnachten war für den Herrn Jesus ziemlich chaotisch

– er verließ die Herrlichkeit des Himmels, um in einem Stall geboren zu werden. Das erste Weihnachtsfest war weit entfernt davon, perfekt zu sein. Die Unterkunft war last minute gebucht und nicht sehr bequem. Und zu dem Event gehörten mit Sicherheit weder eine schicke Tischdekoration noch edle Soßenrezepte. Ein chaotisches Weihnachtsfest bei uns spiegelt also das erste Weihnachten: Ein großes Wunder, das in einer unvollkommenen Welt geschieht.

Unordentliches Neujahr

Ich bin nicht besonders gut, was Vorsätze für das neue Jahr angeht. Wenn wir an Silvester Besuch hätten oder zu einer Feier bis spät nachts gehen würden, würde mir mit Sicherheit schon am 1. Januar jegliche Charakterstärke fehlen.

Aber am Ende der Weihnachtsfeiertage versuche ich, mich Don Whitneys »Zehn hilfreichen Fragen« zuzuwenden und schreibe meine Antworten auf, damit ich am nächsten Neujahr über sie nachdenken kann. Wenn ich besser organisiert wäre, würde ich das vermutlich öfter tun, und vielleicht werde ich das irgendwann auch, aber in der Zwischenzeit ist ein wenig Reflexion besser als gar keine. Auch wenn es nur eine pro Jahr ist:

Zehn Fragen zum Beginn eines neuen Jahres oder für den eigenen Geburtstag

Als das Volk Gottes einmal in seiner Beziehung zu ihm nachlässig geworden war, rügte Gott es durch den Propheten Haggai: »Achtet doch aufmerksam auf eure Wege!« (Haggai 1,5). Damit drängte er sie, über einiges, was mit ihnen geschah, nachzudenken, und ihre geistliche Nachlässigkeit im Licht dessen zu betrachten, was Gott ihnen gesagt hatte. Selbst diejenigen, die Gott am treuesten sind, müssen gelegentlich innehalten und die Richtung ihres Lebens überprüfen. Wir werden so leicht von einer vollen Woche in die nächste gestoßen, ohne je anzuhalten und darüber nachzudenken, wohin wir gehen und wohin wir gehen sollten. Der Beginn eines neuen Jahres ist ein idealer Zeitpunkt, um innezuhalten, nach oben zu sehen und uns zu orientieren. Zu diesem Zweck lohnt es sich, folgende Fragen betend in Gottes Gegenwart zu stellen.

1. Was könnten Sie in diesem Jahr tun, um Ihre Freude an Gott zu vergrößern?
2. Was ist das aus menschlicher Sicht Unmöglichste, worum Sie Gott in diesem Jahr bitten werden?
3. Was ist das Wichtigste, das Sie in diesem Jahr tun können, um ihr Familienleben zu verbessern?
4. In welcher geistlichen Disziplin möchten Sie in diesem Jahr den größten Fortschritt erleben und was werden Sie dafür tun?
5. Was ist der größte Zeitverschwender in Ihrem Leben und was werden Sie in diesem Jahr dagegen tun?
6. Wie können Sie Ihre Gemeinde auf die hilfreichste Art stärken?
7. Für wessen Errettung werden Sie in diesem Jahr am eifrigsten beten?
8. Welches ist die wichtigste Art, auf die Sie, durch Gottes Gnade, versuchen werden, dieses Jahr anders sein zu lassen als das letzte?
9. Was könnten Sie tun, um in diesem Jahr ihr Gebetsleben zu verbessern?
10. Welches der Dinge, die Sie in diesem Jahr tun möchten, hat in zehn Jahren die größte Bedeutung? Und in der Ewigkeit?[2]

Unordentliche Fastenzeit

Was haben Sie in der Fastenzeit aufgegeben? Schokolade oder Alkohol? Twitter oder Kohlehydrate? Zwei kürzlich erschienene Artikel in der *Daily Mail* und im *Guardian* berichteten von der anhaltenden Beliebtheit (wenn man es so nennen kann) der Fastenzeit vor Ostern. Danach können wir uns endlich wieder auf Alkohol und Süßigkeiten stürzen und inmitten ramponierter Chipstüten twittern. Oder so ähnlich. Die Fastenzeit wird schon seit den Anfängen der Gemeinde eingehalten, obwohl man nicht mehr sicher weiß, wie sich die Tradition eines vierzigtägigen Fasten von Aschermittwoch bis Ostersonntag (ohne die Sonntage) entwickelt hat.

Fasten kann gut für uns sein, und das nicht nur als Diät. Es kann eine Zeit sein, in der wir eine hilfreiche neue Gewohnheit festigen oder uns darauf konzentrieren, eine schlechte abzulegen. Natürlich könnte ich das zu jeder Zeit des Jahres tun, aber da mir in der Fastenzeit die Selbstdisziplin besonders bewusst gemacht wird, scheint es nicht gerade klug, diese Gelegenheit ungenutzt zu lassen. Selbstverständlich wird eine Zeit, in der ich mich um Selbstdisziplin bemühe, mein Chaos erst recht zum Vorschein bringen. Wenn sich etwa herausstellt, dass ich vollkommen unfähig bin, mein mir selbst gesetztes Ziel zu erreichen. Oder ich stelle fest, dass mein Verzicht auf Kaffee zur Folge hat, dass ich diesen durch Tee ersetze, mein Verzicht auf Fernsehen führt möglicherweise zu dessen Ersatz durch Facebook.

In seinem Brief an die Galater beschreibt Paulus die Veränderung, die Gottes Geist bewirkt: »Die Frucht des Geistes aber ist Liebe, Freude, Friede, Langmut, Freundlichkeit, Güte, Treue, Sanftmut, Selbstbeherrschung. Gegen solche Dinge gibt es kein Gesetz. Die aber Christus angehören, die haben das Fleisch gekreuzigt samt den Leidenschaften und Lüsten« (Galater 5,22–24).

Meinen Kampf gegen das Fleisch kann ich nur durch das Werk des Geistes gewinnen und ich habe immer wieder festgestellt, dass sich mein Fleisch nur sehr langsam ergibt. Die Früchte erscheinen nicht augenblicklich. Zuerst erscheint eine Knospe, die aufblüht und bestäubt wird, dann wächst sie langsam heran. Genau so ist es mit der geistlichen Frucht. Deshalb kämpfe ich oft damit, dass ich kaum Wachstum oder Fortschritt erkenne, und bin versucht, aufzugeben. Aber vierzig Tage Fasten sind nicht lang. Wenn ich meine Gewohnheiten ein kleines bisschen ändere, und sei es nur für ein paar Tage, hat mich das etwas näher zum Herrn gebracht oder es hat meinen familiären Beziehungen gut getan. Also war es wert, getan zu werden. Und nächstes Mal schaffe ich es noch besser. Oder vielleicht schaffe ich es nicht, aber ich weiß, dass Gott mich durch seinen Geist verändert: »Wir alle aber, indem wir mit unverhülltem Angesicht die Herrlichkeit des Herrn anschauen wie in einem Spiegel, werden verwandelt in dasselbe Bild von Herrlichkeit zu Herrlichkeit, nämlich vom Geist des Herrn« (2. Korinther 3,18).

Ich beginne die Fastenzeit also mit hohen Zielen, aber mit dem Kreuz fest im Blick: Für unser Versagen gibt es Vergebung, und Gott ist bereit, uns einen neuen Start zu schenken. Selbst wenn mein Versagen nebensächlich erscheinen mag, kann ich neu beginnen und die Tafel ist wieder abgewischt. Ich kann auf Gottes Herrlichkeit sehen und mich daran erinnern, dass er in mir arbeitet.

Unordentliche Ostern

Wenn die Fastenzeit zur Hälfte vorbei ist, muss ich daran denken, für die Kinder ein paar Ostereier zu kaufen, bevor nur noch die mit »Thomas, die kleine Lokomotive« übrig sind, was bei meiner elfjährigen Tochter vermutlich nicht besonders gut ankommen würde. Außerdem muss ich unser

Auferstehungs-Eierset ausgraben. Es handelt sich um einen Eierkarton, der (überraschenderweise) Plastikeier enthält, in denen jeweils eine kleine Erinnerung an die Ostergeschichte versteckt ist. Wie beim Jessebaum versuchen wir auch hier, jeden Tag eine Botschaft zu öffnen. In einem Geheimversteck bewahre ich außerdem Mini-Ostereier auf, die es dazu gibt, um alles zu etwas ganz Besonderem zu machen. Dieses Jahr haben wir sehr spät damit angefangen, deshalb haben wir zwei bis drei Auferstehungseier pro Tag geöffnet. Eine Freundin von mir hängt kleine Symbole an einem Osterbaum auf. Eine andere Freundin reduzierte die Anzahl der Eier im Set vor Kurzem auf sechs (Esel, betende Hände, Dornenkrone, ein kleines Holzkreuz, ein Stein und das leere Ei). Dann bastelte sie während einer chaotischen Gemeindeveranstaltung am Karfreitag mit anderen Familien Sets zum Mitnehmen. Auch dies würde genauso gut mit ein paar Symbolen auf einem Blatt Papier am Kühlschrank funktionieren.

Unten sind die Bibelstellen und Geschichtensymbole aufgelistet, die ich für die Auferstehungseier verwende. Sie können es genauso machen oder auch ganz anders:

Tag 1: Matthäus 26,6–13. Ein mit Parfum getränkter Bausch aus Baumwolle (ich bin nicht sicher, wie gut sich »Elizabeth Arden Green Tea« im Vergleich zu echter Narde eignet, aber es war nichts anderes da).
Tag 2: Matthäus 26,14–16. Fünf Silbermünzen als Silberlinge.
Tag 3: Matthäus 21,1–11. Esel oder Palmblatt. Ich habe Topfpflanzenstücke von Playmobil benutzt, aber etwas Rosmarin oder ein ausgeschnittenes Papierblatt tun es auch.
Tag 4: Matthäus 26,26–29. Tasse oder Brot. Wir hatten

ein Weinglas von Playmobil und ein Stück Brot in unserem Ei.

Tag 5: Lukas 22,39–46+54a. Betende Hände oder ein Pfeifenreinigermännchen. Ich habe dafür etwas pinkfarbenen Schaumstoff zusammengeklebt, den ich in die Form betender Hände geschnitten hatte. Farblich leider etwas grell, aber Sie verstehen, worauf es ankommt.

Tag 6: Johannes 19,1–7. Purpurfarbener Stoff. Der Stoff ist bei uns braun, aber es war der beste, den ich finden konnte.

Tag 7: Johannes 19,16–17. Kreuz. Ich habe es gebastelt, indem ich von einem der Palmkreuze der Kinder unten etwas abgeschnitten und es dann zusammengeklebt habe. Ein paar Streichhölzer funktionieren auch gut.

Tag 8: Johannes 19,18. Nägel. Stammen aus dem Werkzeugschrank des Pfarrhauses.

Tag 9: Johannes 19,33–35. Speer. Ich habe einen halben in Alufolie eingewickelten Cocktailspieß genommen.

Tag 10: Matthäus 27,57–60. Fels. Etwas Kies von der Auffahrt. Gewaschen.

Tag 11: Markus 16,1–3. Zimt/Nelken/Gewürze. Habe viele davon im Schrank gefunden.

Tag 12: Johannes 20,1–8. Nichts ist im Ei! Ganz einfach.

Unordentliches Halloween

Es ist der 31. Oktober. Aber wir haben nicht um 16 Uhr nachmittags alle Lampen ausgeschaltet und uns hinter dem Sofa versteckt. Wir rehabilitieren Halloween, ein Fest, das in Großbritannien immer beliebter wird. Natürlich wäre es mir lieber, wenn es kein großes Feiern von Hexen und Monstern gäbe, aber da es nun einmal stattfindet, haben wir uns entschieden, das Erscheinen der Leute an unserer Tür als Gelegenheit zu betrachten, sie zu segnen und sie ein bisschen besser kennenzulernen. Man könnte es als eine Art Haustür-Evangelisation betrachten – mit dem Vorteil, dass die Menschen an *unsere* Tür kommen, wir daher sicher sein können, dass sie uns auch sehen möchten und uns die Tür nicht vor der Nase zuschlagen werden. Und der absolute Volltreffer an der Sache (jedenfalls für mich) ist, dass man die meiste Zeit über auf dem Sofa vor dem Feuer sitzen kann. Bingo.

Manche Gemeinden veranstalten Lichterpartys oder gehen mit den Kindern von Tür zu Tür und verteilen Süßigkeiten, anstatt danach zu fragen. In unserer früheren Gemeinde gab es an Halloween einen tollen Gemeinschaftsspaziergang mit dem Titel »Die Nacht erleuchten«. Die Leute feierten, also konnten wir die Gelegenheit nutzen, um mitzumachen. Partys und Spaziergänge muss man allerdings organisieren, deshalb bleiben wir lieber zu Hause und warten auf Menschen, die uns besuchen.

Normalerweise schnitzen wir ein paar Kürbisse und die Kinder machen einen mit gruseligem Grinsen. In den zweiten schnitzen wir eine Flamme, eine Taube oder Worte. In einem Jahr hatten wir: »Jesus ist das Licht der Welt«. Dann legen wir uns einen großen Vorrat mit Süßigkeiten und Halloween-Traktaten zu und achten darauf, dass alle wissen, dass wir zu Hause sind, und laden sie ein, vorbeizuschauen. Da mein Mann Schotte ist, bitten wir die Besucher auch, einen kleinen Witz zu erzählen oder ein Lied auf der Türschwelle zu singen, was der schottischen Halloween-Tradition entspricht. Wenn Kinder nicht weiter wissen, weil sie so in Verlegenheit gebracht werden, erzählen gerne wir stattdessen einen Witz. Einer meiner Söhne hat ein großes Talent dafür, zu jeder Gelegenheit den passenden Witz parat zu haben: Warum hat das Skelett die Halloween-Party verpasst? Es hatte niemanden, der mitkommt.

In manchen Jahren haben wir einen ereignisreichen

Abend mit vielen Gästen erlebt, in anderen war in unserem Süßigkeitenberg am Ende kaum eine Delle zu erkennen. Aber jedes Jahr sehen Freunde aus der Nachbarschaft unseren alternativen Kürbis, empfangen ein bisschen Evangelium und lernen uns etwas besser kennen. Halloween kann den Anschein erwecken, gegen alles zu sein, wofür Christen sind, aber wir können Licht in die Dunkelheit bringen. »Und kauft die Zeit aus« (Epheser 5,16).

UNORDENTLICHE ANDERE ANLÄSSE

Das Diamantjubiläum der Queen und die Olympischen Spiele waren gute Gründe, die Gemeindefamilie zusammenzubringen und unsere Gemeinschaft zu segnen. In unserer kleinen Gemeinde ist es schwierig, viele tolle und große Events zu veranstalten, aber mit etwas Kreativität schaffen wir es, einige kleinere zu organisieren, die Spaß machen. Wir hatten eine Hüpfburg gemietet und Burger gegrillt, bevor wir alle zusammen loszogen, um den Olympischen Fackellauf anzusehen, der direkt an unserer Hauptstraße vorbeikam. Für das Jubiläumswochenende hatten wir in der Woche zuvor ein Mitbring-Mittagessen angekündigt und mussten nach dem Gottesdienst nur noch die Tische aufbauen. Es war eine lustige Zusammenstellung. Wir veranstalteten ein Quiz und hatten jede Menge Spaß bei reichlich Essen. Glücklicherweise war es nicht so wie das gesellige Mittagessen einer anderen Gemeinde, von dem ich kürzlich hörte: Ein neuer Besucher wurde dort abgewiesen, weil er kein Ticket hatte, bis schließlich die Frau des Pastors aufstand und anbot, ihr Essen mit ihm zu teilen.

In unserer städtischen Kommune haben wir vor Kurzem den Sonntag Rogate gefeiert. Fünf Wochen nach Ostern wurde traditionell beim Ausbringen der Saat für eine erfolgreiche Ernte gebetet. Dieses Fest wird außerdem in Verbindung gebracht mit »Beating the Bounds«: Die Grenzen einer Kommune wurden abgelaufen, um sicherzustellen, dass nicht unrechtmäßig in das Land eingedrungen wurde. Deshalb nutzten wir die Gelegenheit für einen Sonntagnachmittags-Spaziergang in unserem Stadtteil. Wir hielten an mehreren Orten an, um zu beten, auch vor den Wohnungen einiger Gemeindemitglieder, die an das Haus gefesselt sind.

Wenn wir uns umsehen, finden wir normalerweise immer einen Grund zu feiern und die Gemeinde oder die Gemeinschaft zusammenzubringen. Und wenn es keinen Grund gibt, erfinden wir einen. Eine meiner Freundinnen veranstaltet seit ein paar Jahren jedes Jahr bei sich zu Hause eine Olympiaparty für Familien. Sie und ihr Mann laden einige Familien ein, spielen ein paar lustige Spiele und ihr Mann hält einen kurzen Vortrag über das Evangelium. Kinder und Erwachsene haben Spaß an der Feier und die Nachbarn sind gesegnet.

Das Haus meiner Schwester ist klein, aber ihr Freundeskreis ist groß. Zum ersten Geburtstag ihrer Tochter luden ihr Mann und sie ihre Freunde zu einem Kinderwagen-Spaziergang rund um einen Park in der Nähe ein. Dann gingen sie weiter zu einer Gaststätte, um dort den von ihr gebackenen Geburtstagskuchen zu essen und Tee oder Bier zu trinken. Auch Freunde aus der Gemeinde und aus der Babygruppe kamen dazu. Eine tolle Art zu feiern, wenn der Platz zu Hause begrenzt ist, und eine wunderschöne Art, Gemeinde und Gemeinschaft zusammenzubringen.

Kurz vor Weihnachten, als wir in unserem ersten Haus unserer ersten Gemeinde wohnten, luden wir die Gesangsgruppe unserer Gemeinde ein, vorbeizukommen und Weihnachtslieder für uns zu singen. Wir fragten auch unsere Nachbarn und Freunde, ob sie Lust hätten, auf einen Glühwein und ein paar Mince Pies dazuzukommen. Viele von ihnen wären nicht bereit gewesen, in einen richtigen Gottesdienst zu gehen. Wenn sie wollten, konnten sie zuhören und mitsingen und dann einen dreiminütigen Vortrag über die Bedeutung von Weihnachten hören. Für Freunde, die keinen Alkohol trinken (oder noch fahren mussten), machten wir »Spiced Cranapple«, eine überzeugende Alternative zum Glühwein:

Spiced Cranapple

1 Liter Cranberry-Saft, 1 Liter Apfelsaft, 250 ml (1 Tasse) Orangensaft, 5 Nelken, 3–4 Stangen Zimt, 2 Esslöffel Zucker (oder mehr, je nach Geschmack), 1 Orange, halbiert und in Scheiben geschnitten.

Alle Zutaten miteinander vermischen, kurz aufkochen und vor dem Servieren 15 Minuten köcheln lassen. Kann nach dem Kochen sehr gut in eine Thermoskanne umgefüllt werden.

GNADE UND VERSORGUNG BEI UNSEREN FEIERN

Ich wünsche mir immer, mehr Zeit zu haben, um große Veranstaltungen und festliche Anlässe zu organisieren. Die meisten Menschen lieben schöne Feste und man kann so viel Energie aus der Freude gewinnen, die man mit der Gemeinde oder einer Gemeinschaft zusammen erlebt. Aber durch die vielen alltäglichen Aufgaben, die das Leben mit sich bringt, habe ich nicht immer die Zeit, viel zu organisieren.

Ich schaffe es kaum, die Kinder an den Schultagen morgens aus dem Haus zu bekommen. Und manchmal wird das die Entschuldigung dafür, gar nichts zu tun. Daher möchte ich einfach weitermachen und etwas organisieren. Irgendetwas. Ich möchte die Versammlung nicht verlassen (Hebräer 10,25), sondern meine Mitheiligen ermutigen, unseren Nachbarn begegnen und ihnen das Licht des Evangeliums bringen. Ich möchte unseren Kindern ermöglichen, Gottes Treue durch die Vertrautheit wiederkehrender Feste zu erleben, während sie aufwachsen.

Gottes Gnade befähigt uns, Kleines zu tun, ohne dass wir uns schuldig fühlen müssen. Wir haben einen großen Gott, der ein paar Fische und einige Laib Brot nehmen und damit einer großen Menge Menschen zu essen geben kann (Matthäus 14,19–21), einen Gott, der Glauben so groß wie ein Senfkorn nehmen und damit Berge versetzen kann. Er kann so viel aus so wenig machen. Er möchte in uns »sowohl das Wollen als auch das Vollbringen« wirken »nach seinem Wohlgefallen« (Philipper 2,13). Er kann ein Fest nutzen, das wir für dürftig halten, und sein gutes Werk tun. Seine Versorgung kann großartige Dinge bewirken, selbst durch Veranstaltungen, die wir für lieblos oder eher armselig halten.

Lasst uns mit der Gemeindefamilie feiern, mit unserer Gemeinschaft, mit Freunden und Nachbarn. Christen sind »Ostermenschen«, Menschen, die etwas zu feiern haben. Es gibt alle möglichen Gründe zu feiern, um unsere Gemeindefamilie zu stärken und unsere Nachbarn zu segnen. Es muss kein großer Stress sein. Wir können klein feiern oder groß und dabei immer Segen bewirken.

EIN UNORDENTLICHES LEBEN

Das Schreiben dieses Buches war ein unordentlicher Prozess. Wenn leere Seiten daran erinnern, dass ein Manuskript darauf wartet, geschrieben zu werden, erscheint Hausarbeit plötzlich als eine sehr attraktive Beschäftigung. Doch dann rückt der Abgabetermin näher und das bedeutet Essen zum Mitnehmen und eine Familie in Notfallklamotten, während der Wäscheberg weiter wächst. Wenn ich diese Seiten selbst lese, wird mir bewusst, wie weit entfernt ich von dem gnadenerfüllten, auf Versorgung vertrauenden Glauben bin, den ich beschrieben habe. Deshalb bete ich:

EIN GEBET FÜR DIE UNORDENTLICHEN

Liebender Himmlischer Vater,
ich bin ein Chaos. Und doch
ist deine Kraft in den Schwachheiten vollkommen.
Lass deine Kraft in mir vollkommen werden.
Denn deine Gnade reicht für mich aus.
Lass mich diese Gnade den ganzen Tag über erkennen.
Alle Dinge wirken zusammen für das Gute,
denen, die berufen sind gemäß deinem Willen.
Lass mich auf deine liebevolle Versorgung vertrauen,
durch alle Höhen und Tiefen des Lebens hindurch.
Herr, segne dieses Durcheinander:

Das Durcheinander in mir, mein unordentliches Leben.
Denn du hast mich berufen und du bist treu.
Du wirst es gewiss tun.

ANHANG: JESSEBAUM-LESUNGEN FÜR DEN ADVENT

Die folgenden fünfundzwanzig Leseabschnitte beginnen am 1. Dezember. Die Hauptbibelabschnitte sind fett gedruckt. Wenn die Zeit knapp oder die Kinder unruhig sind, lesen Sie nur diesen einen Vers. Als die Kinder noch klein waren, habe ich die Lesungen mit einem Blatt Papier, auf dem alle Verse abgedruckt sind, etwas vereinfacht. Jetzt suchen wir immer ein paar der Schriftstellen in der Bibel heraus. Manche der Symbole, wie der Stern oder der Engel, finden sich in der Weihnachtsdekoration. Einige andere haben wir in der dunstigen Küche an Sonntagnachmittagen gebastelt. Wir waren nur mit Pfeifenreinigern, etwas Schaumstoff, farbigem Karton, ein paar Filzstiften, Klebstoff, Scheren und Klebeband bewaffnet und mit etwas Goldschnur für die Schlingen, an denen wir die Symbole aufhängen. Sie können die Symbole auch mit einem Farbdrucker und ein bisschen googeln ohne großen Stress herstellen. Der unten abgedruckte Jessebaum-Plan, der die meisten Fragen enthält, ist größtenteils dem Buch *Disciples of a Godly Family* von Kent und Barbara Hughes entnommen.[1] Im Internet finden Sie viele weitere Jessebaum-Lesepläne.

Tag	Titel	Bibelverse	Fragen	Symbol
1	Schöpfung	1. Mose 1,1; Johannes 1,1–5	Was hat Gott erschaffen? Wer war am Anfang bei Gott? Wer ist das Licht der Menschheit und unser Licht?	Sonne
2	Sünde	1. Mose 3,1–10; Jesaja 53,6; Römer 5,8	Haben Adam und Eva Gott gehorcht? Warum nicht? Was ist Sünde? Wer sündigt? Wie hat Gott seine Liebe trotz unserer Sünde gezeigt?	Apfel/ Schlange
3	Arche	1. Mose 6,5–8; 7,17–23; Römer 6,23	Warum hat Gott die Flut gesandt? Wurde jemand gerettet, außer den Menschen in der Arche? Was haben alle Menschen verdient? Was ist Gottes Geschenk?	Arche/ Regenbogen
4	Abraham	1. Mose 12,1–7; 1. Mose 12,3	Warum hat Abraham seine Heimat verlassen? Was hat Gott Abraham versprochen? Wie hat Abraham auf Gottes Gebote und Versprechen reagiert?	Zelt/ Sterne
5	Isaak	1. Mose 22,1–13; Johannes 1,29	Welche sehr schwere Sache hat Gott Abraham aufgetragen? Was bedeutet es, ein Opfer zu bringen? Hat Gott dich in letzter Zeit auch darum gebeten, etwas Schweres zu tun? Hat Abraham Gott gehorcht? Wer ist das Opfer für deine Sünden?	Lamm
6	Jakob	1. Mose 28,10–17; 1. Mose 28,15	Was war Jakobs Kissen für die Nacht? Was hat Jakob in seinem Traum gesehen? Was hat Gott Jakob versprochen? Warum nannte Jakob den Ort, an dem er den Traum hatte, einen »furchterregenden« Ort?	Leiter
7	Joseph	1. Mose 37,3–36; 50,18–21; Römer 8,28	Wie dachten Josephs Brüder über ihn? Warum? Was taten sie? Was wusste Joseph über Gott und seinen Plan, der ihm half, seinen Brüdern zu vergeben? Ist es einfach oder schwer, jemandem zu vergeben?	Bunter Mantel
8	Mose	2. Mose 20,1–20; 32,15–16; Psalm 119,11	Was stand auf den Steintafeln geschrieben? Wer hat Mose diese Gesetze gegeben? An wie viele der Zehn Gebote kannst du dich erinnern? Warum geben uns Gott und unsere Eltern Regeln? Was können wir mit Gottes Wort tun, damit es uns davon abhält, zu sündigen?	Tafeln

9	Kanaan	Mose 13,1–2; 17–23; 27; **Psalm 103,2**	Ist Kanaan ein Land, in dem es schön wäre, zu leben? Warum oder warum nicht? Wie wollte Gott das Volk Israel segnen? Wie hat er dich schon gesegnet?	Wein-trauben
10	Ruth	Ruth 1,14–18; 4,13–16; **Ruth 1,16**	Warum, glaubst du, wollte Ruth ihr Heimatland und ihre Familie verlassen? Was hatte Boas über Ruth gehört? Wie hat Gott Ruth belohnt?	Weizen
11	David	1. Samuel 17,1–9; **Psalm 23,1**	Wie sah Goliath aus? Was tat er? Warum hat David gegen Goliath gekämpft? Glaubst du, David hatte Angst? Warum oder warum nicht? Was wollte David gewinnen?	Schlinge
12	Josia	2. Könige 22,11; 23,1–3; **Psalm 119,105**	Was geschah vor Josias Zeit mit Gottes Wort? Was tat König Josia, als er das Buch fand? Warum sollten wir die Bibel lesen?	Papier-rolle
13	Stumpf Isais	Jesaja 11,1–5; **Johannes 1,14**	Warum ist Isai (der Vater Davids) wie ein Stumpf und wer ist der neue Zweig, der aus ihm wächst? Wer ist voll Gnade, Wahrheit, Weisheit, Verstand, Kraft, Gerechtigkeit und Treue? Wie konnte Jesaja von Jesus wissen, hunderte Jahre bevor dieser geboren wurde? Wie kann Jesus Gottes lebendiges Wort sein?	Baum-stumpf mit einem grünen Blatt darauf
14	Löwe und Lamm	Jesaja 11,6–10; **Jesaja 11,6**	Werden eines Tages alle Tiere auf der Erde so zahm sein, dass man sie streicheln kann? Warum wird das geschehen? Wann wird das geschehen?	Löwe und Lamm
15	Friedefürst	Jesaja 9,6–7; **Johannes 14,27**	Welche Namen werden Jesus in diesem Vers gegeben? Auf welche Art braucht diese Welt einen Friedefürst? Was kann dir Schwierigkeiten machen? Kann Jesus dir Frieden bringen?	Taube und Krone
16	Hirte	Jesaja 40,11; Psalm 23,1–2; **Johannes 10,27**	Wie kümmern sich Hirten um ihre Schafe? Auf welche Weise sind wir wie Schafe? Wie muss Jesus sein, wenn er unser Hirte ist?	Hir-tenstab
17	Leidender Diener	Jesaja 53; Johannes 10,14–15; **Johannes 10,15**	Was war Gottes Plan für Jesus? Warum ist es wichtig, dass Jesus gestorben ist? Warum war Jesus bereit, zu sterben? Was fühlst du, wenn du an das Kreuz denkst?	Kreuz

18	Der neue Bund	Jeremia 31,31–34; Hebräer 9,13–15; Apostelgeschichte 16,31; **Jeremia 31,33**	Was ist ein Bund? Halten Menschen ihre Versprechen immer? Hat schon einmal jemand ein Versprechen gebrochen, das er oder sie dir gegeben hat? Hält Gott seine Versprechen immer? Was verspricht Gott in diesen Versen? Wie sollten wir auf diese Versprechen reagieren?	Herz
19	Exil	Daniel 3,19–29; **Jeremia 1,8**	Was weigerten sich Sadrach, Mesach und Abednego zu tun? Welche Strafe ordnete Nebukadnezar für ihre Weigerung an? Wie viele Männer sah der König im Feuer umherwandeln? Wie hat Gott für Sadrach, Mesach und Abednego gesorgt?	Glühender Ofen
20	Rückkehr	Nehemia 1,3; 2,17–18; 6,15–16; **Nehemia 8,10**	Was geschah mit der Mauer um Jerusalem, nachdem die Juden gefangen genommen und ins Exil von Babylon gebracht worden waren? Wer machte Nehemia und seine Leute fähig, die Mauer wieder aufzubauen? Wie fühlten sich die Menschen in der Umgebung?	Mauer/Ziegelstein
21	Bethlehem	Jesaja 7,14; **Micha 5,2;** Lukas 2,1–7	Was wussten die Propheten des Alten Testaments im Voraus über die Geburt Jesu? Woher wussten sie es? Wie lange vorher wusste Gott von der Geburt Jesu?	Bethlehem
22	Licht der Welt	Lukas 1,26–28; 2,25–32; **Johannes 8,12**	Welche gute Nachricht überbrachte der Engel Gabriel an Maria? Wie reagierte Maria darauf? Wie beschrieb Gabriel Jesus? Wie beschrieb Simeon Jesus? Wie kannst du für Jesus ein Licht in der Welt sein?	Kerze
23	Jesus	Lukas 2,1–7; Johannes 3,16–17; **Johannes 3,16**	Wer sandte Jesus in die Welt? Wo lebte Jesus, bevor er auf die Welt kam? Warum kam Jesus auf die Welt? Was bedeutet es, an Jesus zu glauben?	Krippe
24	Engel	Hebräer 1,14; Lukas 2,8–20; Psalm 91,9–12; **Lukas 2,14**	Welche Botschaft überbrachten die Engel den Hirten? Welche unterschiedlichen Reaktionen gab es bei den Hirten auf die Engel? Welche Aufgabe hatten die Engel?	Engel

| 25 | Stern | Matthäus 2,1–12; Offenbarung 22,16; **Matthäus 2,10** | Wer sah Jesu Stern im Osten und was wollten diejenigen, die ihn sahen? Wollte König Herodes Jesus anbeten? Wo blieb der Stern stehen? Wie wird Jesus in Offenbarung 22,16 beschrieben? Auf welche Weise ähnelt Jesus dem Stern? | Stern |

QUELLENANGABEN

Kapitel 1: Ein vollkommenes Durcheinander?

1 Bob Kauflin: Grace Unmeasured © Sovereign Grace Praise (BMI).

2 John Piper: Faith Is Profoundly and Pervasively Future-Orientated, aus: ders.: Future Grace, The Purifying Power of the Promises of God © Multnomah, Colorado Springs 2012.

3 » ... weil ich davon überzeugt bin, dass der, welcher in euch ein gutes Werk angefangen hat, es auch vollenden wird bis auf den Tag Jesu Christi« (Philipper 1,6).

4 Thomas Watson: A Body of Practical Divinity © George und Robert King, 1838, S. 47.

Kapitel 2: Ein unordentliches Haus

1 Thomas Watson: A Body of Practical Divinity © George und Robert King, 1838, S. 122.

Kapitel 3: Eine unordentliche Familie

1 Phillip D. Jensen/Paul Grimmond: The Archer and the Arrow © Matthias Media, Sydney 2010, S. 22.

2 Common Worship: Services and Prayers for the Church of England © Archbishops' Council 2000, S. 281.

3 Christopher Ash/Mary Davis/Bob White (Hg.): Persistently Preaching Christ, Fifty Years of Bible Ministry in

a Cambridge Church © Christian Focus Publications, Fearn 2012, S. 36.

4   Tim Chester: You Can Change, God's Transforming Power for Our Sinful Behaviour and Negative Emotions © IVP, Downers Grove 2008, S. 88.

5   Thomas Boston: Of the Providence of God, aus: ders.: An Illustration of the Doctrines of the Christian Religion with Respect to Faith and Practice, Bd. 1 © George and Robert King, 1848, S. 193.

Kapitel 4: Unordentliche Kinder

1   Matthew Henry: Commentary on the Whole Bible, 1710, Psalm 127.

2   Susan E. Beck: Gott liebt mich: Bibel für die Kleinsten © Edition Ruprecht, Göttingen 1995.

3   L. J. Sattgast: The Rhyme Bible Storybook for Toddlers © Zonderkidz, Grand Rapids 1999.

4   Catherine DeVries: The Beginner's Bible for Toddlers © Candle Books, Oxford 2008.

5   Catherine DeVries: The Beginner's Bible, Timeless Children's Stories © Candle Books, Oxford 2005.

6   David Helm: The Big Picture Story Bible © Crossway, Wheaton 2010.

7   Cindy Kenney: Veggie Tales Bible Storybook, With Scripture from the NIrV © Zonderkidz, Grand Rapids 2006.

8   L. J. Sattgast: The Rhyme Bible Storybook © Zonderkidz, Grand Rapids 2000.

9   Bob Hartman/Krisztina Kállai Nagy: The Lion Storyteller Bible © Lion Children's, Oxford 2008.

10 International Children's Bible © Authentic Media, Milton Keynes 2001.

11 Sally Lloyd-Jones: Die Gott hat dich lieb Bibel © Gerth Medien, Aßlar 2009.

12 Eugene H. Peterson: My First Message © NavPress, Carol Stream 2007.

13 Marty Machowski: The Gospel Story Bible, Discovering Jesus in the Old and New Testaments © New Growth Press, Greensboro 2011.

14 Doug Mauss: The Action Bible, God's Redemptive Story © David C. Cook, Colorado Springs 2010.

15 Stuart Townend: How Deep the Father's Love for Us © 1995 Thankyou Music.

16 Keith Getty/Stuart Townend, In Christ Alone © 2001 Kingsway Thankyou Music.

17 Paul David Tripp: Age of Opportunity, A Biblical Guide to Parenting Teens © Presbyterian and Reformed Publishing, Phillipsburg 1997/2001, S. 105.

18 Ebenezer Erskine, A Discourse on the Throne of Grace, in: ders. The Whole Works of the Late Rev. Mr. Ebenezer Erskine, Minister of the Gospel at Stirling, Bd. 1, 1798, S. 244.

Kapitel 5: Unordentliche Gemeinde

1 Aus dem Blog Sussex Parson: Marc Lloyd's Miscellanies: www.marclloyd.blogspot.co.uk/2013/02/a-typical-service.html, Zugriff am 29.11.2014.

2 Weitere Informationen über diese von Lucy Moore gegründete Organisation unter: www.messychurch.org.uk, Zugriff am 29.11.2014.

3 Christopher Ash/Mary Davis/Bob White (Hg.): Persistently Preaching Christ, Fifty Years of Bible Ministry in a Cambridge Church © Christian Focus Publications, Fearn 2012, S. 17.

Kapitel 7: Unordentliche Mahlzeiten

1 Eine Auswahl moderner und traditioneller christlicher

Gebete zum Essen. Der Vers stammt aus dem bekannten Erntedanklied: »Wir pflügen und wir streuen« (1861).

Kapitel 8: Unordentliche Feiern
1   Noël Piper: Treasuring God in Our Traditions © Crossway, Wheaton 2003, S. 36.
2   http://biblicalspirituality.org/wp-content/uploads/2011/02/ten-questions-start-new-year.pdf, Zugriff am 29.11.2014.

Anhang: Jessebaum-Lesungen für den Advent
1 Kent Hughes/Barbara Hughes: Disciplines of a Godly Family © Crossway, Wheaton 2004, S. 162–187.

Von Alltagschaos und Mama-Glück

Das Leben als Familienmutter kann ganz schön turbulent sein. Maria Lang beschreibt in ihrem Tagebuch mal humorvoll, mal nachdenklich, aber immer hautnah Szenen aus ihrem spannenden Mama-Alltag. Manche Nebensächlichkeit entpuppt sich da als Weisheit, die tiefer geht.

Maria Lang
Kinder, Kirche, Kuchenkrümel
kartoniert, 267 Seiten, ISBN 978-3-7615-5935-2